**奇書 カレー屋まーくんの
あなたの知らないスパイスの世界**

はじめに

インド発祥の『カレー』という料理が様々な経路を辿って日本に辿り着いて早 4000 年。

農耕が始まる前の『カレー』はクラスのいじめられっこにカレーを投げつけ苦悶する表情を楽しむロケット花火のようなものであり、その表情が更に豊かになるようにトロみがつけられたと言われています。

おでん芸が鉄板だった片岡鶴太郎がヨガに傾倒した精神性もそれと無関係ではないでしょう。

嫌がらせは徐々にエスカレートし、『熱いものを口に入れてやろう!』『スゲー辛くしてやろう』『あいつの嫌いな人参入れてやれ!』『だけどあいつの次に喰わされるの多分俺だからじっくり炒めたタマネギを入れとこう』『デミグラスソース余ってるから入れてやれ』『リンゴとハチミツ恋をしたぁ〜』いつしかカレーは食べ物として食卓に上り日本の国民食と言われるまでとなりました。

元が元だけに世界各国の『カレー』は自分勝手に進化をとげ、物流のホットスポット日本では収拾のつかないくらい様々なカレーを食べる事ができます。

本書は様々な『カレー』の付け合わせの技術、付け合わせの付け合わせの『カレー』、『カレー』作ろうとしたけどよくわかんなくてバリ余ってるスパイスの処理方法、『カレー』を作ろうとしたけど作れなかった時の言い訳、『カレー』が嫌いな人がどうやってこの乱世を生き抜くかなど様々な『カレー』の技術について書いています。

最後にカレーを愛するすべての人が更に深くカレーを好きになれるように適当な建前を使っていくらかの金銭が僕の財布に入ってくるようにそれだけを願って止みません。

カレー屋まーくん

目次

- P2　はじめに
- P4,5　目次
- P6　カレーを作りながら聞くディスクガイド
- P8　今こそ（カレーを作ってる時）着たいアイテム

chapter1 スパイス

- P12　五大スパイス
- P13　うま味調味料
- P14　クミン
  - ニンジンのクミンラペ
- P16　ターメリック
  - カボチャのココナッツ煮
- P18　コリアンダー
  - ジャルフレッジ
- P20　パプリカ
  - ビーフケバブ
- P22　カイエンペッパー
  - セセリの唐辛子炒め
- P24　ガラムマサラ
  - カチュンバ
- P26　フェネグリーク
  - 卵のアチャール
- P28　日本列島を狙うスパイス、その攻防の行方 part 1
- P30　紫キャベツの酢漬け
- P31　シナモン / カルダモン
- P32　チャイ
- P33　ラッシー スパイス梅酒
- P34　オールスパイス
  - インディアンコロッケ
- P36　カスリメティー
  - パコラ
- P38　クローブ
  - きゅうりのピクルス
- P40　マスタード
  - 空芯菜のマスタード炒め
- P42　フェンネル
  - 真鯛の生ハム風
- P44　ヒング
  - トマトチャツネ
- P46　カロンジ
- P47　アジョワン
  - タンドリーフィッシュ

P50　日本列島を狙うスパイス、その攻防の行方 part 2

chapter 2 カレー

P54　SETAGAYA,BRASIL

『あの映画すっごくいいよね、何回も見てる』って言わないとイケてないヤツと思われるクソ意味のわからないつまらないロードノベル〜

P66　チキンカレー

P68　ベジタブルカレー

P70　バターチキンカレー

P72　米の炊き方

P74　ブイヨン

P75　タルカ　タマリンドジュースの作り方

P76　サンバル

P78　ラサム

P80　オリジナルのカレーを設計しよう

P86　インド料理でよく使う食材

P87　あると便利な調理器具

P89　カレー屋まーくんがオヌヌメする食器のコーナー

P90　日本列島を狙うスパイス、その攻防の行方 part 3

P92　あとがき

P93　special thanks

　　　design by
P55　中原昌也
P57　ANI(スチャダラパー)
P59　ina takayuki
P61　wack wack
P63　最後の手段
P65　conomark×makiko yamamoto

model　デザイア ごろう

カレーを作りながら聞くディスクガイド

料理を始める前にやること。それは料理を作りながら聞く音楽を選ぶことです。音楽無しでカレーを作ることは、自分の将来の不安が募り首を吊ってしまう、上司・取引先の悪口をSNSに盛大に書き込んでしまう、現役時の古傷が再発するなど多くのトラブルを招く恐れがあります。カレーを作らなければいけないという既に起こってしまったトラブルを更に大きくしない為にも適切な楽曲を選ぶことが重要です。

unknown
hava a nice day

パーティーに来てたヤツの持ってたドラック全部一気食いしてご長寿早押しクイズ10時間見続けたらきっとこんな曲作れるようになるよ。

MINORU'HOODOO'FUSHIMI
in praise of mitochondria

風呂場で歌った鼻歌meetsドープトラック。近所の狂ったおっさんが作ったアルバムを発掘した時の白人の驚く姿が目に浮かぶ。

MATT DEIGHTON
villager

タイトルと歌声から察するに穏やかで健やかな生活を綴っているように思えるが、ジャケが呪いの人形にしか見えなくてそういう人種を呪っている歌詞だったらどうしようといつも思う。

SURUTETO
run dead run love

夏の思い出に浸ろうかとしたけど、そんなもんなかったような曲。ファンキーブレークって暴走族に変更って聞いてないんですけど。

THE SUGARCUBES
leash called love

俺が発する女へ最上級のディスは『お前歌えないビョークみたいだな』です。

DJ KOZE a.k.a.ADOLF NOISE
hiddentrack

誰も怒らないからといって悪ふざけが過ぎるとこうなるという見本。センターレーベルのトトロも痩せ細り青くなっている。

SECONDO
a matter of scale

全編最高なcut up tech house。スゲー探して見つけた店がdub storeだってったのはダンスミュージック滑らない話。soul jazz recordsの奇跡。

DJ DSL
#1 DJ DSL

I L.O.V.E.YOU2002のボーカルがサンプリングじゃないことを知った時の衝撃の逆側に凄かった。ブリブリになって盛り上がっちゃったんだろうな。

INVADER
ディスコスーダラ節

当時金が余ってるから余裕で乱発したとしか思えないディスコカバーは大体クソだけどたまにこういうのあるから結果家はクソまみれだ。

BLAZE
MY BEAT

何と言ってもEROTのリミックス！最初のレゲエビートからブレークビーツにスムーズに行かないトラップだけなんとかならんもんだろうか。

THE NATURAL YOGURT BAND
away with melancholy

jazzman+egonってだけで内容世界丸見え。銀ジャケは決して裏切らないインクレディブルムーグバンド。

TOM NOBLE
africa bump

マラリアを伝染されるんじゃないかという恐怖心に勝ったものだけが獲得できる狂人による強靭なドラム。一体どこをエディットしたのかまったく不明。

RECLOOSE feat JOE DUKIE
dust

晴れた日のお使い途中に歌いたい曲ナンバルワン。ハンバーガーにテープ入れて渡したってのは絶対嘘だと思うし、渡されたら困る。

HOT BUTTER
more hot butter

強圧的な思い出しかないテキーラがドラムがいいだけで断ってもみんな笑顔になるって凄くない？

ILAIYARAAJA
bombay connection

有効利用不可能と考えられていたインド人のズル剥け感はボンボンが買って来た国内に一台しかないシンセによって信じられないディスコとなった。と想像している。

EDAN
echo party

一生費やしても見つかるとは思えないブレークを人の命を何とも思ってないとばかりに矢継ぎ早にエディットしたブレークビーツ。猫の小便臭いレコードだぜ。

REEF
replentsh

こんな最高なアルバムもソニーのMDを思い出す道具にしか使われないってなんともいえない気分だ。

DANMASS
happy here

なんとなくノリでやっちゃえる女の歌声を説明する時このオリジナルverを聞かせてるんだけど、そういう機会が多いのって俺だけ？

QVISISANA
the mystic jungle tribe

乗っていた船が難破し、ヴィンテージ機材とプロツールスを完備した一戸建てが建つ無人島に流れ着き一人で曲を作ったとしか思えない12インチ。風呂トイレ別なら俺も流されたい。

CODY CHESNUTT
the headphone masterpiece

日本にもう一度バブル経済が復活した暁にはこいつみたいな濃縮還元された童貞モンスターがクリスマスに軽トラを横転させることを約束する。

DUG DUG'S
dug dug's

最狂のサイケロックでありながら盛り上がり過ぎて誰も居なくなってしまったドラムブレーク(A-5)のせいで、ドリフターズにしか聞こえない。

NONA LOVE
full of funk

檻から出て来たゴリラが翻訳蒟蒻を食べて歌った最高のアフリカンソウル。叫ぶ女にドン引きしないことが聞くことの必要絶対条件。

CYPRESSHILL
black sunday

この道30年のb-boyである俺がここに乗せるヒップホップアルバムがこの一枚という意味を理解出来る人になって欲しいという祈りがここにあります。
I wanna~~

斉藤清六
なんなんなんだ

日本の誇る不協和音のスーパーメロディーメーカー。どんな素晴らしいフレーズを作り出した所で彼のボーカルを超えるインパクトは作り出せない。

WILLIAM S. BURROUGHS,KURT COMAIN
the 'priest' they called him

これ聞きながらカレー作れるというなら君も相当仕上がって来てるし、
できれば友達にはなりたくない。

今こそ（カレー作ってる時）着たいアイテム

どんな時も自分らしくいられること、それがシティーボーイの条件だよね。家ではジーンズメイトで買ったスウェット上下じゃあ彼女も幻滅。ライバルのあいつに横取り40万されるぞ！　キッチンに居ても常にピカピカに磨かれたコードバンローファー、きっちりプレスの入ったマーガレットハウエルのチノ、アイクベーハーのBDシャツは僕らのユニフォーム。僕らのお手本はいつだってネグリルのレジェンドだ！

これを三ヶ月着るとSTEZOみたいな男とLATIFAHみたいな女からしか着信なくなるのどうしてなんだろうと思ってたら、教室の隅でグルグル回って大きくなる埃を見て、あっ！これかと理解したよ。（スタイリスト私物）

ヒップホップが30年前と何が変わったってこんなイケてるグラフィックに隠れて『PRAY FOR ME』とか酒飲んでSNSに投稿するようなメッセージでTシャツ作るようになったことだな。（スタイリスト私物）

俺の友達がブラジルに短期留学した時、バーで『俺ジーコの知り合い』ってノリで嘘言ったら次の朝コールガールがホテルの前で30人くらいJORDAN発売待ちみたいに立っててその日練習休んだってよ。（スタイリスト私物）

おいっ！急いで小学校の時のノート全部焼いて来い。お袋が終活とか言って小学校のとき算数のノートに書いた落書きTシャツにし始めたぞ！チン肉マンはまだ世に出すのは早い！（スタイリスト私物）

俺が今までヤフオクで買って一番ぶったまげたオマケはジーンズ買ったらカマキリの卵が三つ入ってたのと、コタツを一円で落札したらこのTシャツが付いてたこと。出品者はきっとシャーマンだね。（スタイリスト私物）

うどん屋って早朝から麺打たなきゃなんないんだろ？大変だなーと思ってこのTシャツのステップ覚えたらちょっとは楽しいんじゃって言ったら別に辛くないよだって。あいつらソ連でも生きていけるな。（スタイリスト私物）

俺らはBEASTIEだったら何でもカッケーとか思ってたけど当人は『こんなの靴流通センターで安く買ったやつじゃん』『制作費溶かしちゃったからロボットはダンボールでいいや』とか言って爆笑してたんだろうな。（スタイリスト私物）

インドっていうと日本人はターバン巻いたおじさんを思い浮かべる人多いけど、実際にはターバンを巻くのはシーク教徒のみで人口の2％しかいないんだよって猫に話していたら一日が終わった。（スタイリスト私物）

BIG DADDY KANEのラップは皮膚呼吸無しには絶対成立しない感じとか、BIZのカブトムシの被り物とスニーカーのコレクションとかも凄いけどさかなクンはサラッと一人でそれやってるんだからもっと凄い。（スタイリスト私物）

CHAPTER 1

なんか面白そうと思ってスパイスを沢山買ってカレーを作ってはみたものの、
めんどくさいわりには全然美味くなくてキッチンの隅でディアゴスティーニになってる人結構いるよね。
この章は行き場の無い不良債権のようなスパイスの正しい使い方と
NEOカワイイなりふり構わぬ使い方を教えるYO!

五大スパイス

　スパイスって沢山ありすぎてどれ買っていいかわからないという人、俺がまずオヌヌメなのがクミン・ターメリック・コリアンダー・カイエン・パプリカの5つ。俺はこれがあれば取りあえずカレーにはなる五大スパイスと教わった。

　五大というからにはさぞかしすべて重要で対等な五角形のように感じるけど、世の中にあるグループ（六大学、戦隊ヒーロー、SMAP、加藤一二三など）を見てもわかるように『お前ちょっと出過ぎじゃね？』『君さっきからそこにいるけど何にもやってないじゃん！』って結構いびつな軍団だったりもする。

　さらにカレーにおける辛みの97%くらいの担当であるカイエンペッパーは味を感じる器官である味蕾を切り刻んで辛みを感じさせているだけらしく、そうなると100m走のレーンに一人ロボコップがスタンバイしてるような状態で五大やってるわけだ。

わかりやすい五大スパイスの役割表

①	ターメリック	いかりや	赤	木村	長嶋
②	クミン	志村	青	香取	イチロー
③	コリアンダー	加藤	緑	中居	王
④	パプリカ	荒井	黄	稲垣	川藤
⑤	カイエン	ブー	ピンク	草なぎ （なぎは弓ヘンに前の旧字の下に刀）	宇野

　さらに今家にあるカレーの本を開けてみたら『スパイス三種の神器〜マスタード・カレーリーフ・タマリンド』って神器は五大の中に一つも入ってなくてAKBとHKTかよっ！と言いたくなる状態。いよいよわからなくなってきた。

　でもこのままでは収集つかなくなってしまうのでカレーに重要なのは五大スパイスである！と今俺が決めた！

異議は認めない。今重要なのは正しいか正しくないかじゃなくとっとと終らせて飲みに行くことだ。

うま味調味料

インドで最も人気のあるスパイスって何だと思う?

クミン?ターメリック?カスリメティー?ノンノン、マジックパウダーだよ。友達のシンくんが言ってたんだから本当だよ。

彼は道を自由に歩いてる牛の金玉に的確にBB弾をヒットさせることからバラナシのクリントイーストウッドと呼ばれ尊敬されている。

日本人なら使い方は知ってるだろ?寝ぼけた味の料理に2,3振りくらいブチ込めばパキッとした味になる。みんなが食べている料理のほとんどは和食だろうが中華だろうがイタリアンだろうがこれかこれの親戚みたいなやつが入ってる。薄々みんな気づいてるだろ?

意識高い気取りのやつの皿には積極的にぶっ込んでやって感想を訊くのはワーキングクラスならではの最高の嫌がらせだ!

ク ミ ン

効能

エジプトを原産とするセリ科の一年草。一年草ってなんなのか？ 石川セリはセリ科に含めていいのか？ 言われてもよくわからない。効能は食欲増進、貧血予防、免疫力向上、リラックス効果などが上げられ、それだけ効能が多岐に渡るのならば水道の凍結防止、上司の機嫌向上、腐敗政治の終結など家内安全以外の効果も期待できそうである。

NEOかわいい使用方法

亭主のお弁当の白米の上に米が見えなくなるくらいギッシリ振る。亭主のインスタ#こんなの喰えるか！に結構いいね！が付くはずである。

ニンジンのクミンラペ

腐敗政治を行う政府の力技を持ってしてもニンジンのラペをインド料理と言い張るのは難しいが、ここ 3,4 年日本のカレー屋では色が綺麗なのでスパイスを少し使って出してる店が多くインド料理認定されつつある。POWER TO THE PEOPLE!!! 俺は酒飲みの執念で鶏とナンプラーの旨味をゴンゴンにねじ込み飲めるラペを作ったが、作り過ぎたせいでニンジンアレルギーになってしまって呼吸ができなくなるので食べれなくなりました。

用意するもの ☆は無ければごまかそう！

・ニンジン　100g(1本)
(ニンジンのラペでニンジンが入ってない時ほど驚く事は無い！)

☆パクチー　30g(2茎ぐらい)
(カメムシのような香りってカメムシ食べた事あるのか問いただしたい！)

☆鶏皮　1枚
(インド人は鶏皮を食べない。ブヨブヨしたの嫌なんだよと友人のシン君はチンコを触りながら言っていた)

・焦がしニンニク　15g(3,4かけ分)
(真っ黒くなったニンニクは焦がしニンニクではない。焦げたニンニクである)

・酢　100cc
(酢と後ろに付くものは、何酢でも基本的に醤油と鼻水ほどの違いはない。とはいえこの料理にバルサミコをチョイスした人の世界は通常のものと比べ大きく歪んでいるはずである)

・水　50cc

☆ナンプラー　30cc
(この匂いをイヤらしい匂いだなと言ったヤツの心は汚れているのでウソ発見機にも利用されている)

・砂糖　3g

・塩　3g

作り方

1. ニンジンを千切りにする。(a)
(長めにするとインスタ映えする盛りつけがしやすいが、だからといって30センチの千切りにすると揖保の糸の色麺を集めたヤツみたいで笑われる。断面がガタガタになってる方が味が染み込みやすいのでスライサーを使ってもいい。彫刻刀でも同じ効果が期待されるが君に生涯の友ができることはないだろう)

2. 油を引き弱火でクミンを香り出しする。
(クミンの周りに泡が出て焦げ茶色になったら、奴らなりのア・イ・シ・テ・ルのサイン 抱きしめてやれ！)

3. 調味料と鶏皮をぶっこむ！(b)
(油が少々跳ねるはずである。顔を近づけるとどんなつまらないヤツでもいいリアクションが取れるのでこの機会を逃す手は無い)

4. 沸騰したら弱火で15分、ニンジンにぶっかける！(冷ましてもいいのだが、熱いのをぶっかけた方が早くできあがるし味も染み込む。ニンジン以外にかけてしまったヤツはクレーンゲームで何も取れないであろう)

5. パクチーを和える。
(カメムシでもオッケー)

(a)

(b)

雰囲気は味わえる簡単な作り方

1. ニンジンを千切りにする。
2. フライパンに油をひきクミンが茶色くなるまでテンパリングする。すし酢と混ぜてニンジンをマリネする。

15

ターメリック

効能

インド・熱帯アジア原産のショウガ科の植物。日本名であるウコンは主に宴会で二日酔い防止ドリンクに入っている事からヨッパライにウンコという誰でも思いつくギャグに用いられその人となりを浮かび上がらせるのに効果がある。抗酸化効果・肝機能向上もあるらしいがアル中はそれを越える量を飲むはずだし加齢による劣化がこの程度で止まるとはどうしても思えない。圧倒的に高価なスパイス・サフランの代用として用いられたりもするが、代用と認めない原理主義者も数多くいる。

NEOかわいい使用方法

全身に塗りたくり胸に『HITACHI』と書いて柏に応援しにいく。入場さえできれば一瞬人気者である。

カボチャのココナッツ煮

元々カボチャをココナッツミルクで煮て味を整えただけだった料理。食感が良くなるようカボチャは蒸し、旨味と香りが良くなるよう炒めた玉ねぎ、ココナッツファイン、かつお節などを加え改良に改良を重ねた結果行程は重労働化し、カレー作るのとほぼ同じくらい面倒臭くなった。仕込みが憂鬱になるナンバーワン料理はカレーと違って単品だけだと美味しいけどちょっとでいいやとなる悲しい料理。この感覚を是非あなたと分かち合いたい。

用意するもの ☆は無ければごまかそう！

- カボチャ 1/2個
 (ハロウィン加工前のもの)
- ココナッツミルク 1缶
 (缶ポックリ加工前のもの)
- 生姜 30g
 (擦りおろし、読めない人は撮り下ろしでも可能)
- ☆タマネギ 1個
 (微塵切り。昔一緒に働いていたヤツに『何粒ですか?』と聞かれた事がある。彼は立派なレインマンだった)
- ☆ココナッツファイン 30g
 (ココナッツサブレを粉砕しココナッツを集めてもよい。君はきっと優秀な砂金掘りとなるだろう)
- ☆カレーリーフ 20枚
- ☆かつお節粉 大さじ1
 (モルジブフィッシュは?とか言うな。こっちの方が安くて旨いべ)
- ターメリック 小さじ1
- シナモン 1本
 (カシアでもシナモンスティックでもオッケーだがクスノキを切り倒してくるのはやり過ぎだ)
- ☆カルダモン 4個
- ☆ベイリーフ 1枚
- ハチミツ 30g
- 塩 小さじ1
- ☆ブイヨンパウダー 小さじ1

作り方

1. フライパンに油を引かずにココナッツファインを香り出しする。少し色が変わったらオッケー。
2. 適当な大きさに切ったかぼちゃを蒸す。蒸し上がったら1cm四角くらいにカットする。(a)
 (かぼちゃと一緒にサウナに入ってもよいが、料理は愛情!の方向性がコスモってるようだ)
3. 油にホールスパイスを入れ香りを出し、タマネギをこげ茶になるまで炒める。(b)
 (こげ茶ではなくドドメ色になった場合、全身写真を撮ってこちらに送ってください)
4. 生姜を入れ少し火を入れたらターメリックを投入。香りが出たらすぐココナッツミルクを入れる(c)
 (ターメリックはよく炒めること。しかし焦げやすいので炒めたと言い張るだけでもよい)
5. ハチミツ、塩、ブイヨンで少し強めに味を整えかつお節、ココナッツファイン、カボチャを入れよくあえる。(d)
6. フライパンに油を引きカレーリーフをテンパリングして入れたら鍋に入れ全体をよくあえる。

> **雰囲気は味わえる簡単な作り方**
> 1. 材料をすべて鍋に入れ、ココナッツミルクと同量の水を入れ煮る。
> (カボチャがペースト状でないのがインド風なのだが、インドにこだわらなければこれで十分である。スリランカ風と言い張ればいいだけなのだ)

(a)

(b)

(c)

(d)

コリアンダー

効能

地中海原産のセリ科の植物。単体でも万人受けするいい香りだが複数のスパイスを使った時、つなぎの役割を果たし、多くのカレー粉に一番入っているスパイスだということはそれほど知られていない。葉は近年人気のパクチー、和名のカメムシ草はその香りを指しているが、種は葉とまったく違う香り。可愛いけどバカでやらかしがちの妹、地味に可愛くて性格もいい姉のような関係性。俺は断然そのお母さん派です。

NEOかわいい使用方法

急な不幸に数珠として。

ジャルフレッジ

一般的に馴染みが薄いインド料理だが辛い野菜炒めという意味だった気がする。インド人の国民性を考えると回鍋肉もジャルフレッジだと言い張るヤツが出て来てもおかしくないが、まだ出て来てないので俺が餃子の王将のバイトリーダーになった暁には壁一面ジャルフレッジと書き換えようと思う。海老などを加えても美味しいですが家で作ったことはありません。海老高いんだもん。

用意するもの ☆は無ければごまかそう！

- タマネギ　1/4個　串切り
  （ほとんどのインド料理にタマネギが使われているのは、間違って買ってしまった・作ってしまったタマネギを国挙げて消費しようとして発展した料理だからです）
- ピーマン　1/2個　串切り
  （インスタ映えならばパプリカ、中国風ならばペンキで色を塗ったピーマン。パーマンだけは避けよう）
- プチトマト　3個　半切り
  （プチにしたのはプチじゃないプティだろって言いたかったからです）
- ☆上記の野菜以外、野菜炒めに入りそうな野菜2,3種類
  （旬のモノ、見切り品、冷蔵庫内の不良債券。様々な理由が無言でここに並ぶ事だろう）
- ニンニク・生姜　小さじ半分ずつ　擦りおろし
  （擦りおろす時は円を描くようにするとベストキット感を堪能できます。その日のプレイ内容によってお選びください）
- トマトジュース　30cc
  （野菜ジュースが特売なら野菜ジュースでもいいですよ。誰も気づかなさそうな部分はそちらで勝手に判断してやってよ）
- コリアンダーシード　小さじ半分
- ☆クミンパウダー　小さじ半分
- ☆ブイヨンパウダー　小さじ半分
  （無いと意識高くなる！　会社の人からはメンドクサイ奴と思われる）

作り方

1. 鍋に油を引きコリアンダーシードをテンパリングする。(a)
  （高温の粒が跳ねることに喜びを覚えてしまっているあなた。速やかに着衣をお願い致します）

2. ニンニク・生姜を入れて香り出しする。

3. 火の通りづらいものから炒めて行く。(b)
  （どれが通りづらいか解らない場合は、それで自分を殴ってみて一番痛かったやつが最初です。あ、脱がなくてもわかると思いますよ）

4. クミンパウダーを入れ、具材と絡める。

5. 最後にブイヨンパウダーとトマトジュースを入れ、塩で味を整え少し煮詰まったらできあがり(c)
  （できあがったからって脱がなくていいですよ。あ、でも脱いでどうするかは知りたいかも）

(a)

(b)

(c)

> **雰囲気は味わえる簡単な作り方**
> 1. 材料をすべて鍋にぶっこんで火が通ったらできあがり。
>   （スパイスは後で振りかけてもいいと思います。あ、食べ物にです。さっきからずっと裸ですね）

パプリカ

効能

原産国は中南米、ナス科の植物。スーパーなどで売られているパプリカとは違う品種を乾燥粉末にしたものだそうだが農協のオジサンがめんどくさい時はパが付いてるものはすべて粉末にしていると思われる。生産者のオジサンのTシャツがpanasonicだったのを見て強く確信した。

ビタミンCはハンガリーの科学者によってパプリカから発見したらしく 、ハンガリー料理にはパプリカがやたらと多用されるそうだが、絵が大して上手くない俺が小学校の時になにかの間違いで入選してしまったザリガニの絵が未だに実家の居間に飾られているのと同じようなものだ。

熱に弱いビタミンCもパプリカにはビタミンPが含まれるため栄養素が壊れず摂取されるらしく、その成分表はドッチボールでかわいい子とそれを守る運動神経のいい男、そして誰にも守ってもらえない鈍いブスのような社会の構図を見るようで胸が詰まる。

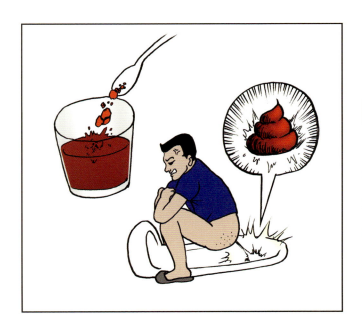

NEOかわいい使用方法

トマトジュースに溶いて飲み干す。翌日の便が真っ赤になるので、その日一日チョークを喰わされたかたつむり気分でいられる。

ビーフケバブ

ケバブ、カバーブとは中東〜インドで串打ちした肉やら野菜やらを焼いた総称らしい。日本でも昔からよくその地域の人がナンパ目的でドネルケバブを車で売っているが、俺はユーラシア横断中一回も見なかったので牛角が開発した串カツ的『現地じゃそんなの誰も喰ってねえよ』料理だと思っている。今回は更にインド人の98%は食べたことの無い牛肉を使いハイブリット串カツを目指した。いくら食べても飽きないからこの料理！

用意するもの ☆は無ければごまかそう！

- 牛肉薄切り　500g
- ☆タマネギ1/2個　微塵切り
  （かさ増し目的での投入の場合、中国の手抜き建築のように焼いてる途中ぐずぐずに崩壊する。貧乏はやはり悪なのである）
- ☆パクチー　25g　微塵切り
  （矢鱈目鱈パクチー入れるヤツ、アホちゃうか？）
- ☆青唐辛子　2本　微塵切り
  （辛いのが苦手だったり痔主だったり、あれだけ気をつけろって言ったのに青唐辛子を切った手で目を擦りそうな人はししとうで代用可能）
- ニンニク　25g　微塵切り
  （微塵って漢字が読めない人は思い思いのスタイルで切れ！）
- 塩　6g
- クミンシード　10g
- クミンパウダー　5g
- パプリカ　15g

作り方

1. 材料をすべてボールに入れて肉を引きちぎりながら混ぜる(a)
   （最初ただの薄切り肉でも10分くらい引きちぎり続けるとある程度の細かさになって挽肉同様に成形できるようになり丁度いい歯ごたえの種になる。包丁を家に忘れたやつのやけっぱちで生み出した調理方法に違いない）

(a)

2. 金串に打つ(b)
   （串打ちするとケバブらしくなる。ハンバーグ型でもクリームコロネ型でも俺が食べるわけじゃないから構わない）

(b)

3. 焼く
   （表面を焼いたら火を落としてじっくり中に火が入るように。美味しく焼くって作業はプロでも難しい技術だが、生でもなく焦げてもいない状態なら食べれるはず、あんま考えすぎるな！）

雰囲気は味わえる簡単な作り方

1. 肉は挽肉を購入し材料をすべて捏ね、適当に成形してレンジで5分チンする。(簡単調理で意識高いフリをし続けるのは不可能である。大丈夫、発ガン性なんてないって！俺は食べないけど)

カイエンペッパー

効能

中南米原産のナス科の食物。解りやすく言えば唐辛子である。亜種ができやすい品種のため世界各国に特徴の異なる唐辛子がありピーマンやししとうもその一種として数えられる。食べれないほど辛い品種は暴徒の鎮圧のための武器としても用いられたりと、何も言わないからって好き勝手にやりやがって!という食材の叫びが聞こえてきそうだ。実際辛味とは痛覚を味覚と勘違いしてるだけなので妥当な気もするが、デカいというだけでGKをやらされていた柏レイソルユース時代のチームメイト林くんを思い出さずにいられない。

NEOかわいい使用方法

魔除けの盛り塩として。
塩より嫌がられるだろう。

セセリの唐辛子炒め

ニンニクを効かせたセセリを、日本人にとって最も馴染み深い二大スパイス、唐辛子とブラックペッパーで炒めた安易に想像の付く間違いない一品。普通にどこにでもありそうな料理にカレーリーフを合わせインド料理感を主張する手法はスパイス嫌いの人の洗脳に大変有効な手段です。

用意するもの ☆は無ければごまかそう!

- 鶏セセリ　300g
  (売ってなかったら鶏モモや皮でもいいけど、しじみは音感が似てるだけだからダメ!と思ったがよくよく考えればそれでも旨い)
- 玉ねぎ　1/2個
  (スライス。この玉ねぎは肉しか喰ってないという罪悪感を軽減する為の玉ねぎです)
- ニンニク　10g
  (半分はマリネ用。この料理に関してはグラムなんて気にするな!いっぱいぶっ込んでみんなKZAくんの写真ポーズして一日過ごせ!)
- 唐辛子　10本
- ブラックペッパー　小さじ1
- ガラムマサラ　小さじ1
- 塩　4g
- ☆カレーリーフ　10枚
- ☆パクチー　適量
  (ブラジルのジャングルみたいだな、お前の適量って)

作り方

1. セセリをニンニクと塩で下味を付ける。
   (とにかく権利平等を声高に叫びたい人は、ニンニクをセセリと塩で味付けしてるんですと主張してください)

2. フライパンに多めに油を引き唐辛子を弱火で色づくまでテンパリングする。
   (唐辛子は折った分だけ辛くなるというとホラーですが真実です。)

3. 残りのニンニクを入れ、軽く色づいたらカレーリーフ投入。すぐ玉ねぎを入れしんなりしたらセセリを入れる。

4. セセリに火が入ったらブラックペッパーとガラムマサラと塩を入れ炒めでき上がり。パクチーとレモンを振っても美味しい。

雰囲気は味わえる簡単な作り方

材料全部フライパンにぶっこめ!
(炒めるだけの簡単料理を簡単にするには誰かに作ってもらうとかしかないよ!)

ガラムマサラ

効能

料理を作らない・食べることに興味ない人でもわからないなりにガラムマサラという名前は10人中8.9人は聞いたことくらいはあるだろう。新垣結衣の名前を知ってる日本人の割合は10人中25人だから知ってて当たり前体操といっても過言ではない。しかしガラムマサラとは何か？ 知ってる人は10人中１人もおらず、アディ・ダスラーがアディダスを創業したことを知ってる人が10人中2頭と1匹いることを慮っても、如何に我々はガラムマサラをよくわからないまま放置しているかということがわかる。三日に一回部屋を掃除してるのにどうでもいい奴の名刺・コンビニのレシート・中身の入ってない CDケース・サミットで大量に持ち帰ってきた牛脂のパックなどが集められてる何故か片付けないアブストラクトスペースのような場所。それが意識の中のガラムマサラの置かれている場所だ。

ガラムマサラは直訳すると【暑い】＋【混合】

ようやくわかったでしょう！ ガラムマサラはスパイスの名前ではなくカレー粉のようにミックススパイスの名前なのだ！『えっ?そのテンガロンハットってモテると思って被ってたの？』と言われた気分だろ？ いきなり食べ物に暑いって言われたって、俺 飛鳥じゃねえからサブレの袋干したりしねえよって感じだがガラムマサラは本来、カレーの香りを黒木香風にするため出来上がりの直前に振っていやらしくするためのもの。しかしながらその香りの良さからパンティーは履くよりも被る方が有意義であるのと同じく、様々な料理やシチュエーションに使うことができる。

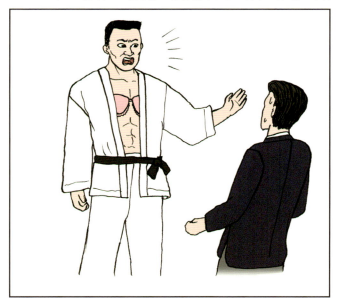

NEOかわいい使用方法

柔道の試合中、相手の目に向かって。（えっ？ なんで反則負けしたって怒ってるの？ ブラジャーしてるものだから早く試合終らせて女装クラブに行きたいんだと思ってた）

カチュンバ

生野菜はあまり食べないインド人。日本のインド料理店ではよく雑に切ったキャベツにキユーピーごまドレッシングをかけて『だって俺たち普段食べないもん』とやけっぱちとしか思えないサラダがよく出され、サラダ好きの日本人にばっちり残されている。数少ない生野菜インド料理カチュンバはレモン、塩、クミンなどで味付けしたシンプルな物。レシピからの想像通り大半の人にはそれだけでは食べる気が起きないので、生野菜美味しく食べるスパイス国家タイの調味料とガラムマサラを足すことで『おまえらやる気ないから勝手にやらせてもらうわ！』というカチュンバを作った。百人中百人こっちの方が美味しいと言うけど、そりゃそうだよと思う。

用意するもの ☆は無ければごまかそう！

- アーリーレッド　1/2個　ダイスカット
  (なんで赤玉ねぎって言わないんだって？俺のWindows 98はキーボードの隙間にカントリーマアムが挟まってるせいか変換するとネギが禰宜にしかならねえんだ！)
- きゅうり　1本　ダイスカット
  (きゅうりにはほどほどのビタミンCとそのビタミンCを壊す働きがあるアスコルビナーゼという酵素が含まれており、クリアしたボールが味方に当たり自殺点となってしまったような野菜である)
- トマト　1個　ダイスカット
  (大谷がトマトを投げると例外無くトマトは潰れる)
- パプリカ　1/2個
  (赤い玉ねぎ、赤いトマト、緑のきゅうりの中に何色のパプリカを入れたい？いやキツネとかたぬきとか聞いてないから)
- パクチー　15g　微塵切り
  (パクチーの香りは葉や茎よりも根や根の近くの茎にあるらしく、それを捨てようとするとタイ人は勿体ないと言うって何かで読んだけど、絶対あいつらそんなこと言わないと思う。もちろん俺は君がアイスの蓋捨ててるの見て、ナメさせろって言うよ)
- レモン　1/2個
  (レモンって刺激的な酸味に反し安眠効果があるってツンデレだなーと思うんだけど、嗅ぐだけでなく匂いを想像するだけで安眠効果があるって、高級SM嬢かよ！ってしみじみ思うよ)
- スウィートチリソース　大さじ2
  (これ手作りした方がいいって言う人、コーラのカロリーゼロ飲むのと意味の無さ変わんないから止めた方がいいよ)
- ナンプラー　大さじ1
  (中東の人はラム・マトン＆クミン食べるから体臭臭いって言うのに、タイの人ときたらナンプラーやらカピやらドリアン食うのにそうならないのなんか不公平な気がしない？って言ったら、タイの臭いものは大体イヤらしい匂いだからセーフなんだって話し何故か納得できるよな)
- ガラムマサラ　小さじ1
  (これ入れなにと海老と春雨の入んない適当ヤムウンセンになるんだけど、ほんとはガラムマサラ入れた所で正式なカチュンバとは程遠いから気にすんな！美味きゃいいんだよ)

作り方

1. パクチーを微塵切り、他の野菜は1cm弱のダイスカットにして調味料をすべて混ぜ合わせる。
   (これ作れなかった人、後ほど係員が肝油ドロップの注文票をお渡ししますので記入して提出してください。)

雰囲気は味わえる簡単な作り方

雰囲気は味わえる簡単な作り方
1. 友達に野菜を切ってもらって調味料を合わせてもらう。
(カチュンバ簡単に作る方法見つけた俺凄くね？)

フェネグリーク

効能

地中海東側原産のマメ科の植物。カレー粉にはかなり多く入っている重要度が高いスパイスなのだが、相手が料理人でも何それ?と確実に聞き返され、ヒップホップのライブで何故かウロウロしている巨体みたいな存在。香りは甘いがよくこれ食べ物に入れてみようと思うくらい味は強烈に苦い。調子に乗ってスパイスをカレーに振る事はよくあると思うが、迂闊にこれを入れダマが多数発生し、食べれなくなることはよくある。涙巻きなどの罰ゲーム料理に使われるのも時間の問題だろう。心臓病リスク軽減や消化補助、血糖値制御など数多くの薬効があるのに知られてない感じが、無視されないように頑張ってるけど結局無視されている人みたいで悲しいので、安いメープルシロップの香りづけという役割だけはなんとか覚えておきたい。

NEOかわいい使用方法

玄関の床やお風呂の壁に。
(上手くいけばできそこないのペルシャ建築みたいに仕上がります)

卵のアチャール

アチャールとはインド独特のオイルピクルスのこと。マンゴーやレモンが有名だが実は茄子、ニンニクなど色々な種類がある。発注ミス・レシピ読み違いで偶然開発されるレシピが多数俺にはあるが、これはチリパウダーをメキシコ料理などで使うチリパウダーと勘違いし、ええい間違えたなら好き勝手やってしまおうホトトギスってな具合でバルサミコ、ハチミツを投入！ 全然違うけど奇跡的に旨いアチャールが出現した。揚げ茄子と微塵切りのパクチーを漬け込んだ物もオヌヌメ！ 見た目はどす黒くてカッコ悪いので映え目的の皆様はごまかす技術を磨いてくれ！

用意するもの ☆は無ければごまかそう！

- 卵　10個
(ここでガチョウ、ワニ、カエルの卵を用意してきた人は鬼束ちひろコースをご案内いたします)
- バルサミコ酢　50cc
(何でか知らないけどバルサミコ使うとオシャレっていう人結構いるよね。そしてオシャレって言葉ほどオシャレじゃない言葉ないよね)
- 生姜　50g
(擦りおろし。撮りおろしは使えないって何度言ったらわかるんだ!ハァハァ言うな!)
- ハチミツ　25g
- サラダ油　50cc
- 塩　12g
- チリパウダー　3g
- フェネグリーク　5g
- クミン　3g

作り方

1. たっぷりの水を沸かし卵を茹で、すぐ氷水で冷やす。
(茹でる個数、火力などで変わるから何分とは言わないけど大体6分前後で半熟になる。俺に苦情を言ってくるヤツは千個茹でたりトカゲの卵を茹でたりするからいつまで経っても俺ははっきりは言えない)
2. 殻をむきザルに上げ水を切る。
(殻をむかないでマリネしてしまった人は友達から板東英二の息子って言われるから注意!)
3. 油をフライパンで熱し、バルサミコ以外を投入。一回かき混ぜフツフツして来たら酢を入れ軽く火入れし卵と絡める。
(上に煙が出るくらい油を熱した後、順番を間違えて調味料の前にバルサミコを入れると世界絶景100選に入るくらい凄いことが起きるので間違えそうな人は消防服を用意。その場合卵一個の原価が2万くらいになるはず)

雰囲気は味わえる簡単な作り方
卵を油、バルサミコ、ハチミツ、塩、生姜、クミン、チリパウダーを合わせたマリネ液に漬け込む。
(あーこれで十分なの今気づいた! 今まで俺は何をやってたんだ?)

日本列島を狙うスパイス、その攻防の行方

カレー

2018/7/30 11:00配信 有料　　インタビュアー：カンセコ・マリオ

『彼らの計画はこの二、三年急速に進行しており最終仕上げの段階に入っています』そう語るのは Mr. マジックバジャール氏。加山雄三のリミックス企画などを生み出しながらスパイス研究家カレー屋まーくんとしての活動も知られている。『我々の住む日本は気づかぬうちに、スパイスが日常に入り込んでいます。スパイスとはスパイの複数形を意味しています』『スパイ (spy) の複数形は spieds なのでは？』『彼らのことを知らない人はそう思うでしょう。彼らの行動の特徴として大雑把・適当が第一として上げられます』まーくんはそう言いながらアタッシュケースを開けた。中にはレトルトのカレーがぎっしり詰められていた。『これは日本人による日本最初のインド料理店デリーでもっとも人気のあるカレーであるカシミールカレーです。インドのカシミール地方のカレーはこのような度を超した辛みはなく、このカレーも元々はマドラスカレーという名前を予定していたのですが入稿ミスでカシミールカレーと印刷されてしまい、誰もわからないだろうとそのままカシミールカレーになったということです。このようにスパイスが侵食する所すべて大雑把・適当になります』まーくんがアタッシュケースを閉めるとスパイスの香りを纏った空気があたり一帯を支配した。『彼らが暗躍するところすべてその調子です。細かいことなどキレイさっぱりなくなるのです。インド料理店のコックを見てください。誰もスパイスを計ったりしません、手づかみでぶん投げるだけです。他にそんな料理ありますか？』まーくんによると日本における近年の異常気象もスパイスの仕業だと言う。『日本の夏の異常な気温上昇は彼らの真の目的である日本民族大移動への誘導です。筋肉少女帯の日本印度化計画はそれを食い止めるため日本をインドにしてここに住み続けようとするプロテストソングでした。しかしスパイスのスケールは想像を遥かに超え温度を変えるとこまで来ました。食材としてのスパイスを求め日本人が西に移動することはもはや防げないところまで来ています』しかしスパイスが何故日本人の国土を狙うのか？　一体日本に何があるのか？　『その答えは我々の中にあります。クラスの席替えで毒霧を吐くザ・グレート・カブキみたいな女の子の隣に座りたいですか？　頭も性格も良くて可愛い子の隣に座りたくないですか？　僕は女の子が何故かみんな揃って MA-1 を着ているのが好きです。今年の冬は MA-1 の写真をいっぱい撮って BOSS のロゴを貼付けてインスタにアップしようと思ってます』そう言ってカレー屋まーくんはふんふんむちむち踊りを踊り始めた。『私は今年の夏を最後の聖戦と位置付けています。なんとか国土を守るため camp fire でクラウドファンディングを行い日本人を目覚めさせる為に本を出版しようとしています』
https://camp-fire.jp/projects/view/74604?token=36hva6xg

続きをお読みいただくには、記事の購入が必要です。

税込 **108** 万円　　M-POINT 使えます

　　　記事を単品で購入する

この記事は 会員限定 です。クラウドファンディングのパトロンになると
続きを読めると思ったら オレオレ詐欺 に遭いやすいということがわかります。

最新更新：7/30(月)11:00

紫キャベツの酢漬け

昨今の見た目重視の影響をもろに受けた食材と言えば紫キャベツだろう。クラフトカレーのプレートにもほぼ乗っており見栄え重視の為に気の効いたスパイスを使ったレシピを考案しようとしたがこいつだけは浮かばなかった。キャベツと味はほとんど変わらないのにキャベツの代わりに使うとキャベツの方が美味しかったとなってしまいがちで、頑張って味付けすると今度は色が悪くなってしまう。期待された高卒ルーキーが結果を出さずに引退、結果出してないのに引退まで人気者！結局紫キャベツは酢漬け以外飛び切り美味しいものは作れなかった。これは今は無き名店で出されていたキャベツの付け合わせを少し変えたものです。

用意するもの ☆は無ければごまかそう！

- 紫キャベツ　1/4個
（野菜は紫とか赤になると高くなるが、人間はオバハン化して安くなりがちなの不思議ね）
- 酢　400cc
（リンゴ酢でも穀物酢でも白ワインビネガーでもなんでもええわ。新垣結衣と石原さとみと北川景子誰が合コン来ても問題ないだろ？バルサミコ？ セリーナウィリアムズか～会話かみ合う自信ないな～割り勘だっけ？）
- 焦がしニンニク 大さじ2
（焦がすのメンドクサイ人は生の微塵でもいいんだけど酢に入れるとエメラルドグリーンに変色するので、食べるの不安にならない人限定）
- 乾燥バジル　小さじ1
- 乾燥オレガノ　小さじ1
- 塩　45g
- 砂糖　45g
- 水　200cc

作り方

1. 紫キャベツを千切りにする。

2. キャベツ以外の物を鍋で熱し、沸騰したらキャベツをぶっ込み蓋をして冷めたらできあがり。
（紫キャベツは葉が厚いので沸騰したとこに入れた方が丁度いい歯ごたえになるし冷めていく過程で味も入る。酢漬けを作るだけだったら液はこの半分でもくぐってれば味は付くんだけど、キャベツが浸らないと発色がイマイチになります）

雰囲気は味わえる簡単な作り方

1. 材料をすべて鍋にぶっこんで火が通ったらできあがり。
（スパイスは後で振りかけてもいいと思います。あ、食べ物にです。さっきからずっと裸ですね）

カルダモン

シナモン

効能

原産はインド、マレー半島、スリランカ、成城石井。ユーカリ、樟脳、レモンの香りが入り交じったようなさわやかな香りで肉料理からお菓子、ゆりかごから墓場まで用途は幅広い。サフランを除きスパイスの中で最も高価であり、購入する時はSUICAに5千円チャージする時のような思い切りが必要。高温に弱く香りが飛びやすいのでパウダーは最後の仕上げに。太田胃酸と間違いやすいので食べる前に飲む事!

インド、マレーシア原産、クスノキ科の樹木の皮を乾燥させたもの。一般的にイメージされるシナモンはスリランカ産のセイロンシナモンだがカレーでよく使われるのは見た目完全に樹の皮であるカシアという種類。 グズったせいで夕飯を食べさせてもらえなかった子供が拗ねて樹を食べ始めた説、リストラされて困窮した男が錯乱して食べ始めた説など発見説は多数あるがまともなヤツじゃないよなという点が共通している。毛細血管の保護修復血圧抑制などに効果がありエジプトのミイラの防腐剤に使われてたなど薬効は高いがやっぱり樹なのでイマイチリスペクトの念が上がってこなくて残念。

NEOかわいい使用方法

飲み会でシャンソン古典『ろくでなし』を熱唱しながら最初は1粒、盛り上がるにつれて複数個鼻に詰め幸せを願いながら同席したクラウドに撃つ。

鼻に詰まってしまったカルダモンを排出する為、顔に振りかける。
(他のスパイスに比べて粒子が細かいからクシャミ発生率ナンバルワン!)

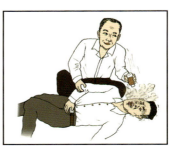

カルダモンチャイ

インドのチャイは色々あるが俺が訪れた先では生姜が強く出ているチャイが多く、生姜を見る度に二週間連続下痢便記録を思い出す。カルダモンはインドでは高価なのでそれほど多くはないはず。通常のチャイは10分くらいで、はい！出来上がりだが俺のチャイは牛乳が半分になるまで弱火で煮詰めシナモンの香りを深く付け高温に弱いカルダモンは出来上がり直前にチャイと一緒にミキサーして香り高く仕上げた執念のチャイ。老後の時間つぶしにはもってこいの飲物だ！

用意するもの ☆は無ければごまかそう！

・牛乳　1本
　（夏場3日履いた靴下を使用後の牛乳パックの中に入れて2日放置すると面白くなってくる）
・アッサム茶葉　15g
　（煮出しても苦みが出づらいCTC加工（チンコ・たま・チンコ加工）がベスト。チンコ・たま・チンコされていない紅茶・日本茶などにとにかく茶であれば意外となんとかなる）
・ホールカルダモン　5粒
　（レーズンをエメラルドグリーンに塗って使用すると中国のオリンピックのようで◯）
☆シナモン　3本
　（カシアだとワイルドにセイロンシナモンだと繊細な香りになる。シナモンは木の皮だからとジョージワシントンはお父さんの紅茶に桜の皮を入れたが、その事を正直に言ったらぶん殴られた）
・砂糖　大さじ2
　（好みの量でいいんだけど、個人的には激甘でなければチャイとは呼べない。参観日のオカンがオカンじゃないみたいに）

作り方

1. 水100cc、茶葉、シナモンを鍋で煮出す。
　（二つの鍋に水50cc、片方に茶葉、片方にシナモンを入れて煮出し後から合わせると洗い物が鍋一つ増えるので注意！）

2. 茶葉が軽く開いたら牛乳をすべて投入。
　（この時牛乳をすべて口に含み鼻から出して鍋に入れるとインドの血迷ったヨガ行者のようだがインドでそれをやる人はあまりいない）

3. 弱火で1時間煮出したら一度茶こしで茶葉を取り除く。
　（この作業をしなければ茶葉の苦みが出るがムカつく上司に飲ませる時はそのくらいが丁度良い）

4. 総量の半分煮詰められたタイミングでスパイスミルでチャイとカルダモンをミックスさせ鍋に戻し3分煮詰め砂糖を入れたら完成。
　（嫌がる佐藤を入れて熱がる様を演出できればダチョウ倶楽部っぽくなります）

雰囲気は味わえる簡単な作り方

1. 2は同じ
3. 約4分煮出し沸騰直前で火を止め砂糖とカルダモンパウダー＆シナモンパウダーを入れたらそこら辺のお店のチャイが完成。
ところでchaiのどの子なら行ける？って質問、俺興味ないな。

ラッシー

ラッシーをメニューに載せると確実に月に一回『犬?』と死にたくなるようなボケをされる。名犬ラッシーなんて今の若い子知らないからしょうもない年の取り方をしてる人をあぶり出すため今後もメニューに載せようと思う。

用意するもの ☆は無ければごまかそう!

・ヨーグルト　400g
　(おっ!牧場の朝持って来ないと思ったらヨーグレットか〜それ液体に持って行くのハードル高いな〜)
・水　300cc
　(そうなんだよ!飲むヨーグルトは固まらないヨーグルト、ラッシーは薄めたヨーグルトなんだ!牛乳を使うことも多いけど水の方が好みだね)
・砂糖　100g
　(三温糖を目隠しして砂糖だなと思う感性ならば三温糖でも大丈夫!黒糖を砂糖と思うなら多分、味覚障害だと思うから病院行った方がいいかな)
・レモン　1/2個
　(レモンだけ農薬使ってるの全然隠さない感じ。フルーツ界のストリーキングって感じで潔いよな。とりあえずみんな脱ごうぜ!)
☆ローズウォーター　10cc
　(手に入るなら是非使ってみると段違いに旨くなる!インドでもレストラン仕様らしくそこらへんでは入れないらしいよ)

作り方

1.ヨーグルトをなめらかにする。
　(普通はホイッパーを使ってやるけれど今日はあえて指示しない!んっ念力?そうきたかー。せいぜい素手とか俺の大切にしているコードバンローファーで来るかと思ってたけど君も相当仕上がったね!ところでレシピ本って君に必要?)
2.残りの物を全部入れて気が済むまで混ぜる。
　(マニ車じゃないから何度回してもお経を唱えたことにはならないよ!)

雰囲気は味わえる簡単な作り方
1. 挽肉を購入し材料をすべて捏ね、適当に成形して5分チンする。
(簡単調理で意識高いフリをし続けるのは不可能である。大丈夫、発ガン性なんてないって!俺は食べないけど)

スパイス梅酒

スパイスを酒に漬け込むのはいろいろレパートリーが存在するけど、甘い酒を嗜まない俺がこれだけは革命的に美味いと思ってるのがこのレシピ。ロックやソーダ割がスパイスの重層的な香りを楽しめる。梅酒は黒糖梅酒、日本酒ベースの鳳凰美田がオヌヌメですが梅酒ならどれだって美味しくなるから細かいこと気にせずドーンと行け!

用意するもの ☆は無ければごまかそう!

・梅酒　720cc
　(飲み会で梅酒飲んでる女の子をモノにできるかできないかが男の顔面偏差値50の分岐点だ。)
・シナモン　2本
・カルダモン　10粒
・ホワイトペッパー　小さじ1
・クローブ　小さじ1/2
・コリアンダー　大さじ1

作り方

1.フライパンでスパイスを香りが出るまで乾煎りする。(a)
　(黒木香が出て来たらご一報ください!クラシアンがホラ貝を持って伺います)

2.梅酒にぶっこむ。
　(雲竜型で入れても不知火型で入れても香りは変わらない。あなたの周りの人がめんどくさそうな顔になるだけだ)

雰囲気は味わえる簡単な作り方
えっ?チンパンジーでも作れるよこんなの。

オールスパイス

効能

被子植物コア真正双子葉類バラ科アオイ類フトモモ目。シナモンとナツメグとクローブを合わせたような香りからオールスパイスと呼ばれ、生、加熱に関わらずアミラーゼに顕著な阻害作用を示し糖尿病予防に利用できる可能性が示唆されているって昼間調べてメモったんだけど、ビール一本、日本酒３合飲んで書いたら精子植物コア真性包茎双子かましたい類薔薇族蒼井優類長沢まさみのフトモモたれ目、蒼井優と長澤まさみとグローブKEIKOを合わせたような黒木香、生、加熱に関わらず長澤まさみの網タイツに顕著な阻害作用を示し糖尿病予防って書いてあって酔った中年になってからの伝言ゲームはやめようと決意した。

NEOかわいい使用方法

正露丸が混ざってる。
ロシアンオールスパイスとして
（外れと大外れしかない縁日の
ような糞ゲーです）

インディアンコロッケ

インド人に聞いてもそんなものはないと笑われることだろう。ゴア辺りではあるみたいだが、あそこは元ポルトガル領。日本人が『えっ?ご飯の上にお好み焼き?』『おでんこんなに黒いの喰えなくね?』っていうのと変わらないはず。とはいえカレーコロッケはお惣菜の人気商品。カレー粉から一歩進んだカレーコロッケをいろんなチャツネと一緒に!友達に食べさせたら『変わったもん喰ってるねー』と距離を置かれることでしょう。

用意するもの ☆は無ければごまかそう!

- ジャガイモ 500g
  (芽を取らない>洗わない>皮を剥かない>の順番で嫌がらせの過激度が変わる)
- 人参 50g
  (俺が今、最新で手に入れたもの!それは人参アレルギー。最近じゃ息ができなくなる)
- ピーマン 50g
  (ピーマンって唐辛子の親戚みたいなもんだから種食べても全然平気って知ってから種取らなくなったけど、それと同時に食べなくなった)
- ☆レーズン 20g
- 鶏挽肉 100g
  (子供の頃 挽肉って読めなくて、きっとワイルドな肉なんだろうと想像してたけどあながち間違いではなかったね)
- 焦がしニンニク 15g
  (焦げたニンニク、焦がしたニンニク、焦がしニンニクのニュアンスの違いをインド人のシンくんにわからせようと浜崎あゆみ、華原朋美、安室奈美恵を順番に見せたらヘラヘラ踊ってるだけだったから諦めた)
- カレー粉 15g
  (スローフードをお好みの方はカレーヌードルの汁を一ヶ月天日干しして粉末化したものをご使用ください)
- オールスパイス 2g
  (これが入ってなければ美味しいカレーコロッケ、これが入るとインディアンコロッケ。インド人はそんなに使わないスパイスなのに俺がインディアンを付けるのはインデアンカレーのインデアンがどうインディアンかわからないのに敬意を評してです)
- コンソメ 10g
  (インド人のシンくんはフレンチのコンソメの作り方を見てゲラゲラ笑ってた。そうだよね、僕らにはクノールっていうメフィラス星人の手下みたいな有能な友達がいるもんね)
- シナモンパウダー 2g
- 卵・パン粉・小麦粉
  (通称コロッケグッズ。これさえあれば美川憲一もちあきなおみも作れる)

作り方

1. じゃがいもを茹でて皮を取ってマッシュする。
  (冷めてからマッシュするとグルテンが出て餅のような粘りが出るので、熱いうちに片岡鶴太郎のおでん芸をしましょう)

2. 鶏肉、人参、ピーマンを炒め、種(コロッケの中身ね)の具材をすべて混ぜ合わせて好きな大きさの種を作る。(a)
  (なんか芸の無い人達って大きさでギネスとか挑戦しがちだけど、そんなのどうでもいい上に一瞬で抜くヤツ出てきてスゲー悲しい気持ちになるからやめてね)

3. 小麦粉→卵→パン粉の順番で付けて180度の油で揚げる。(b)
  (低い温度で揚げると爆発しやすいから面白いリアクションを考えといてね)

(a)

(b)

雰囲気は味わえる簡単な作り方

スパイスを振りかけたソースを付けて食べる。
(コロッケってメンドクサイけど端折れる行程って全然ないから結果的にこんなやつかスパイスが入ってるって想像しながら食べるとかしかないよね)

カスリメティー

効能

フェネグリークの葉を乾燥させたもので独特の渋み苦みがあり料理の最後に入れるとグッと味に深みが出る。スパイスカレーと言われるものにはパセリのように上から振りかけることが多いが、インド人はこのような使い方はしない。軽く火を入れ馴染ませると甘い香りが立ってくる。夏になるとよく羽の生えた虫がここから発生しインドから遥々やって来てここで生きて行こうとしてるのかと胸が熱くなり、明日誰の下駄箱にぶち込んでやろうかと思いを巡らせるのも楽しいと思う。

NEOかわいい使用方法

かまくらの中で火を起こす時の着火剤として。
(枯れ草なのでよく燃えます。火を起こす時は大人の人と一緒にね!)

パコラ

パコラとはインド風フリットのこと。揚げ物はほとんど食べない俺はフリットを食べたことがほとんど無いので何とか風と言われてもわからず、ルートフリットじゃなきゃいいくらいでどうでもいい。インド人が揚げ物作ったらパコラでいいんじゃないでしょうか？違うけど。俺のレシピは酢が入りますがどうして入れたのか思い出せない。家が断水してたとかだろう。カスリメティーも滅多に入らないはず。クミン、たまにアジョワンなどがスタンダード。叩くと音がするくらい固く揚げるのが現地風らしいですが、すでにインドにはない料理になってるので好きにやりましょう！

用意するもの ☆は無ければごまかそう！

- 野菜
  （タマネギやカリフラワーがインド的ですが、天ぷらにする具材ならどれも大丈夫です。あなたの天ぷら力が試されます）
- 塩　18g
- 天ぷら粉　100g
  （よく混ぜたらダメとか冷水の方がカラッと揚がるとか天ぷらのオカルト感は一人コックリさんみたいで楽しいです）
- ☆ベスン粉　100g
  （チャナという豆の粉です。インドではお笑い芸人がよくかけられます）
- ☆ショウガ　50g　擦りおろし
- ☆青唐辛子　1本　微塵切り
- 水　400cc
- ☆酢　50cc
- ☆フェネグリークパウダー　10g
- ☆カスリメティー　10g
- ☆ターメリック　5g
- ☆カイエンペッパー　3g
- ☆コリアンダーシード（粗挽き）　小さじ1
  （スパイスは入れなくても十分美味しいけど、今あなたが食べてるのは天ぷらだよというもっともな指摘を受ける可能性がある。そのスニーカー、アディダスじゃないよと言われた時と同じような衝撃があなたに走るかも知れません）

作り方

1. 材料をすべて混ぜ衣を作る。(a)
   （天ぷらなどに比べてボッテリした衣の方がパコラっぽい。衣が美味しいので一度衣だけを揚げて食べてみて！美味しいと思ってた衣も全然美味しくないから！）

2. 180Cで揚げる。(b)
   （3分で揚がらない場合はキャベツを丸ごと揚げようとしていたり、カリフラワーを10個分一気に揚げようとしている可能性があります。まずお母さんの顔を思い浮かべてください）

3. 4分置いて200度の油で二度揚げする。

(a)

(b)

雰囲気は味わえる簡単な作り方
天ぷら粉にカレー粉を混ぜて揚げる。
（ざっくりそんな料理というかそっちの方がインドっぽいと思うかもしれません。天ぷらの衣にホールスパイス少し混ぜればもっと近づきますし、すんなり読めない名前のスパイスを通販で買う必要もなくなります。）

グローブ

効能

1985年にデビューした日本の音楽ユニット。デビューアルバム『globe』は400万枚を売上げ、多数のメガヒットシングルがある。安室奈美恵や華原朋美、TRFらとともに小室ファミリーの一時代を築きあげたスパイス。素足で踏むと痛い。

NEOかわいい使用方法

意地の悪い継母に森に連れて行かれたとき20歩ごとにこっそり地面に撒く。

きゅうりのピクルス

インドカレーに限らずカレーを食べるとなぜか酸っぱい付け合わせを食べたくなるもの。脂っこいからだね、きっと。普通のピクルスだとこの本を買う意味が薄くなるので、日本人がどういうわけか大好きなクローブを強く効かせたピクルスを作った。人とは違う感がクンクンに出るので変なあだ名を付けられないように注意。

用意するもの ☆は無ければごまかそう！

- りんご酢　250cc
  （様々な原材料の酢はあるが海水とにごり酒ほどの違いは無いのでめんどくさいならば末尾に酢がついてればなんとかなる。とは言ってもバルサミコはやっぱ違うって！何度も言うけど）
- 水　150cc
- 塩　30g
- 砂糖　30g
- きゅうり　3本
  （乱切りをオヌヌメするが切らなかったとしても何も言わないよ、俺は）
- ☆クローブ　大さじ1
- ☆シナモン　2本
- ☆ローレル　2枚
- ☆カルダモン　小さじ1
  （☆のスパイスを入れなければタダの酢漬けになる。もちろん美味しく食べられる。しかしどうしてこの本を買ったのか？是非説明して頂きたい）

作り方

1. 鍋に酢とスパイスを入れ沸いたら5分ほど弱火で香り出しする。冷めたらきゅうりを入れる。(a)
   （山芋を触って痒くなったらこの酢をかけると痒みは収まり、作った人に『何でわざわざこの酢かけたの？普通の酢でも痒くなくなるよ』と怒られます）

(a)

雰囲気は味わえる簡単な作り方

すし酢にパウダーのシナモンとクローブを少量混ぜる。
（これでまったく問題ないのだが、簡単にやらない方がやってる感が出る。特に意味はない）

マスタード

効能

中近東を原産地とするアブラナ科からし菜の種子。マイルドなイエロー、辛みのブラウン、きつねの赤、たぬきの緑などの種類がある。高い殺菌力、防虫効果があり、一時期よく俺の靴の中に大量に撒かれている事があったが、妻に菌としても虫としても俺は少しサイズが大きすぎると伝えると、翌日靴の中には画鋲、裏にはゴキブリホイホイが付けられていた。なかなかミステリアスな人生だ。インド料理では主にスタータースパイスとして用いられ、熱すると豪快に跳ねるのを利用して、神の怒りなどと叫び新興宗教の信者獲得に使われたりする。

NEOかわいい使用方法

点字ブロックとして。

空心菜のマスタード炒め

なんかこんな料理あった気がするんだよ！ 思い出せないけど。空芯菜！ インドに多分ある！というあやふや野菜炒めだけど青菜炒めだから絶対美味しい！ 空芯菜って大して味ないのに何で美味しく感じるんだろう？ 茎が空洞だからならマカロニでもいいはずだし俺も存在が空洞だから結構行けっかも！ スゲー不思議。

用意するもの ☆は無ければごまかそう！

- 空芯菜　2束
  (空芯菜以外にも青菜炒めで使うような野菜ならどれも代用可能だが、空芯菜は炒める前と後で量が大分変わるのでチンコみたいだろ？と無口なあなたでも会話に困らななります)
- ニンニク　小さじ1　微塵切り
- マスタードシード　小さじ1
- ブラックペッパー　小さじ2/1 粗挽き
- ☆中華ガラスープの素　小さじ1
- 紹興酒　30cc
  (無い場合は今手に持ってる酒でいいです。お〜家でダイキリ飲んでるの？ 炒め物作ってるのに鍋にシャーベット入れるのホラーだね)
- ☆マスタードオイル　15cc

雰囲気は味わえる簡単な作り方
1.野菜炒めを作って最後にマスタードオイルを振る。
(マスタードオイルなど大久保とアメ横くらいにしか売ってないので、いつの日かもこみちが手にする日を待ちましょう)

作り方

1. 空芯菜を葉と茎に分け茎を適当な大きさに切る。(a)
   (葉で花占いをすると中々終わらなくてひつじを数えてるような気分になって寝てしまうので注意)

2. 鍋に油を引き弱火でマスタードシードをテンパンプグする。(b)
   (マスタードシードは勢い良く跳ねます。裸になって鍋に近づく遊びをポポブラジルと呼びます)

3. マスタードの勢いが収まったら服を着てニンニクが色づくまで香り出しする。
   (マスタードが跳ね終わっても服を着てない人はヤーガンと呼ばれています)

4. 空芯菜の茎→葉の順に炒め、ガラスープと紹興酒を入れ蒸し炒めにする。
   (茎→葉の順に炒めるのは食感の為ではなく、親方に怒られないようにする為)

5. 仕上げにブラックペッパーを振る。

(a)

(b)

フェンネル

効能

地中海原産のセリ科の多年草の実。胃腸機能の調整効果が高くインド料理店のレジ脇に砂糖でコーティングされたものをよく見かける。M&M's を見てギブミーチョコレートと言った日本人、そこら辺にあったものに砂糖をまぶして『なんだよこれっ？』と言ったインド人。国民性の違いがよくわかる事例である。インドの有力企業アチャ＆ダニアインダストリーズでは新卒採用試験にこの絵はクミン・フェンネル・キャラウェイのどれでしょう？という問題を出題したがほぼ全員が三つとも一緒と書いた。狭き門をくぐり抜け採用されたネパール人は『わかんない』と書いた。

NEOかわいい使用方法

夏の思い出を貼り絵に。
〜きっとおにぎりを貰えますよ〜

真鯛の生ハム風

正直俺はフェンネルがあまり好きではないから使うこともなくレシピもほとんどない中、皆様が大好きなオシャレに見える料理を拵えてみました。脱水シートは高い上にどこにでも売ってるわけでなく、真鯛もいいモノを使わないと全然美味しくないので誰も作らないことを見越した談合のようなページです。

用意するもの ☆は無ければごまかそう！

- 刺身用真鯛　1柵（長さ15cmくらいのサイズ）
  （養殖の方がこの場合はいい。他にもヒラメなど油が乗った白身魚は美味しい。笹かまぼこはダメだと思うよ、泳ぐの見たことないから）
- クレージーソルト　大さじ2
  （このキチガイもそろそろコンプラ指定されそうだから、ヒクソングレーシーソルトとか偏差値30ソルトとかにした方がいい）
- ☆パクチー　適量（1茎くらい）
- フェンネルパウダー　小さじ1/2　粗挽き
  （フェンネルの葉はカメムシが好んで食べるらしい。ハンムラビ法典にのっとりカメムシに食べられたフェンネルを使用すると北欧で人気のメタルバンドみたいでかっこいい）
- ☆コリアンダーパウダー　小さじ1/2
- ☆ミント　1/4パック
  （ミントを料理に使った時のオシャレ感、意識高い感凄まじい。そんなに無理するとロハス死するぞ！）
- 浸透圧脱水シート　2枚
  （通称ピチットシート。結構高いのでセロファンで代用可能だがモロボシ・ダンごっこをしないというのが必須条件）

作り方

1. 真鯛にスパイス、ハーブ、調味料をまぶしシートでくるむ。(a)
   （塩はほとんど水と一緒に出て行くのでかなり強めで良い。君の常識的感覚が試される瞬間だ！）
2. 一晩置いてシートを取り替える。2,3日は余裕で日持ちする。

(a)

雰囲気は味わえる簡単な作り方

1. 刺身に調味料すべてまぶしてライムをかける。
   （インディアンカルパッチョという趣で一瞬うまいんだけど、スパイス鬱陶しいと思っちゃうんだよな俺は）

ヒング(ひんっ)

効能

北アフリカ原産セリ科の二年草。別名アサフェティダ。ジャイアントフェンネルの根茎から出る白い樹脂のようなモノを乾燥させ粉末にしたスパイスでありインドでは『悪魔の糞』と呼ばれる。名前の上にジャイアントが付けられてるのはジャイアントカプリコ以外許されておらずアンドレですらジャイアントは後ろである。悪魔の糞という名称はインドでももちろん PTA から問題視され、ドリフターズインド公演ではアサフェティダ、アオフェティダ、キフェティティダと早口言葉にされた。匂いはドリアン、腐ったタマネギと表現されるが正確に言うと流通経済柏ラグビー部の部室の匂いである。隣のサッカー部だった俺が言うのだから間違いない。

NEOかわいい使用方法

制汗パウダーとして。

(汗は止まらないし変なコクが出ます)

トマトチャツネ

チャツネと言えばマンゴーだが、インドにはコリアンダー、ミントなどいろいろな種類のチャツネがあり本にはトマトチャツネもポピュラーだと書かれているがインドに行ったのは20年以上前なのでまったく覚えていない。通常のトマトチャツネはニンニク・生姜・スパイスを煮込んで作るが、俺のはトマト強めに作ったラサムをペースト状になるまで煮込んだ異常に手間がかかる一品。ラサムを作っていて火を止め忘れ開発されたこのチャツネ。俺の死後メンドクサ過ぎてポンポコピーの長助のように落語のネタにされないか心配です。

用意するもの ☆は無ければごまかそう！

- ホールトマト 1缶
  (カットトマトでも可。生のトマトでも大丈夫だけどそんな贅沢はしたことないし味もバラつく)
- ニンニク 40g
- 生姜 40g
- 黒糖 20g
  (かりんとうで代用すると味の違い云々以前にとても悲しい気持ちになれます)
- ☆タマリンド 15g
  (梅干しで代用可能とはいえ、梅しばで作った時のカリッは女の子が家に遊びに来た時、何故か部屋にずっと居る親と同等の邪魔さ)
- 塩 10g
- マスタードシード 小さじ1
- ☆唐辛子 3本
- ☆ベイリーフ 2枚
- ☆シナモン 1本
- ☆カルダモン 5粒
- ☆クローブ 7粒
  (この三つセットなので一つでもかけるなら無い方がいい。一人居ないと二人で悪口いう三人組みたいだ)
- クミンパウダー 5g
- コリアンダーパウダー 8g
- ヒング 3振り
- フェネグリークパウダー 10g
- ☆アムチュール 2g

作り方

1. マスタードシードをテンパリングする。
   (この小さな粒のどこにあんな跳ねるパワーがあるのか？全裸で調理中、跳ねたマスタードが乳首に当たって仰け反った時『あっこれか！』と理解できた)

2. ホールスパイスとヒングをテンパリングする。(a)
   (クローブやカルダモンも負けずによく跳ねる。クローブとカルダモンを一点に固めてその上にベイリーフをセット。運がいいとベイリーフも一緒に飛んで乳首に張り付きます。対象年齢3才のおもちゃで遊んでるみたいでしょ？)

3. ニンニク・ショウガを入れて香り出し。(b)

4. パウダースパイスを香り出し。(c)
   鍋底にくっつき始めたらホールトマトを潰しながらジュースと一緒に入れる。(d)
   (パウダースパイスの火入れの目安は鍋に顔を近づけて目がしみなくなってくるまでと何かの本で読んだが、北斗神拳を伝承するわけではないので別の方法がいいかと思う)

5. タマリンドジュースを作る。ボールにザルをかまし、お湯を入れタマリンドをほぐす。一回では漉しきれないので二回漉す。
   (他の料理にはない不思議な気分にさせる作業。タマリンドは作ってるヤツが適当なのか、金たわしの破片とか小石とか食品には絶対入らないものがよく混入しており、入れ歯とかデラックスビックワンガムのおまけとかが見つかる日も遠くないと思う)

6. 水分が少なくなってきてトマトが信じられない飛距離で撒き散るようになったら塩・黒糖で味を調える。

(a)

(b)

(c)

(d)

(e)

雰囲気は味わえる簡単な作り方

1. パスタ用トマトペーストにニンニクとショウガを入れてミキサーにかけ、水100cc、ヒングとパウダースパイス、黒糖を入れ、鍋で10分ほど煮詰める。

45

カロンジ

効能

南欧、中東に自生するキンポウゲ科の種子。ニゲラ(語源はニガーだぜ！ビアーッチ)ブラッククミンなどとも呼ばれどちらの名前もプロレスラーっぽくてかっこいい。効能も他のスパイスの比じゃないくらい多く『死以外はなんでも効く』ってのがキャッチコピー。ビックリマン買ってホログラムシール出て来たような仰々しい説明の数々だが東インドで主に使われるミックススパイス『パンチホロン』に入ってる以外それほど頻繁に使われない気がする。これだけ凄いのだからあちらの小学校では肝油ドロップのようにガキがこっそり多めに飲んだりしてるのかもしれない。インドに生まれなくて良かった。

NEOかわいい使用方法
点打ちを忘れた時に。

アジョワン

効能

南インド原産のセリ科の植物。見た目はクミンのミニチュア版のように見えるが味のクセは強烈。料理を始めた頃、試しにホールのままカレーに使用したことがあるが、一口でギブアップした。(今ならホールでも使えるが初心者にはスゲー難しい) 呼吸器系、消化系をスムーズにする効果などがあるが、ここまでいろいろなスパイスを調べてほとんど同じようなことが書いてあるのでアジョワンくらいは脇毛が太く長く伸びる効果、ムーンウォークをスムーズに進める効果などあって欲しい。

NEOかわいい使用方法

いつまでも子供でいて欲しい
お子様の箸の練習として。

タンドリーフィッシュ

インドにはポリチャトゥというブーヤートライブのメンバーのような名前のバナナの葉で魚を包み蒸した料理がある。言ってるそばからあってるか自問自答してしまう名前なので滅多なことでは口にしない。一般社会から最も関係ないスパイスでありながら体には素晴らしくいい（実感無いけど）カロンジとアジョワン。使いにくさ特A級スパイスの二つを合わせてみたら奇跡的に美味しく、インドにこんなレシピあったような無かったような、記憶にないが美味いからうやむやにした。バナナの葉は手に入りづらいし雰囲気は出るものの日本で手に入る物は香りが付かない、というか質がいいものでも香りが付くか怪しい。（香りではなく燃えづらいからバナナで包むと聞いたことがある）オーブンで焼いてるのにタンドリーっていうのおかしくない？ってメンドクサイことを言い出すヤツをあぶり出すためタンドリーフィッシュという名前に決定した。

用意するもの ☆は無ければごまかそう！

・おさかな
　（白身がベスト。ベスト以外もやりたきゃやれば？というのがこの本の
　　スタンスなので泳いでたらいいんじゃない？）
・ヨーグルト　400g
　（悲しい気分になりたければ低脂肪、脳をほとんど使ってない事に気
　　づきたければ牧場の朝をお選びください）
・ニンニク・ショウガ　各大さじ1
　（インド料理では圧倒的使用頻度が高いこの組み合わせ。いつか誰か
　　がペンパイナッポーアッポーペンやりはじめるでしょう）
・カロンジ・アジョワン　小さじ1づつ
　（粗挽き。オリンピックに出てヘラヘラしながら最下位になる二人組の
　　名前みたい。参加することに意義がある）
☆ガラムマサラ　大さじ1
☆ターメリック　小さじ1
　（この二つはなくてもなんとかなるけど君のお母さんが食べたとき
　　無言になるかもしれない覚悟はしておこう！）
・塩　8g

作り方

1. 材料を全部混ぜマリネするソースを作る。
2. 魚に軽く塩・ターメリック、レモン果汁を振って1時間放置する。
（これをやんなかったところで少し水っぽく、運悪ければ少し生
　臭くなるだけだから早くしたい人は省略）
3. ソースを魚に塗りたくる！
（最低2時間。いつも塗ってすぐ焼く俺の指示だ！）
4. 焼く。
（焦げなきゃ喰えるよ！家でさんま焼いたことあるだろ！）

雰囲気は味わえる簡単な作り方

1. ヨーグルトにカレー粉とニンニク生姜を混ぜ魚に塗って焼く。
（新聞のおまけのレシピみたいで美味しい）

カレー屋まーくんのオンラインショップ

https://pinkbicyclecurryshop.com/

chapter1の裏テーマは写真のプレートを自分で作れる！だったんだけどなんか足んなくね？
そうだよ、決まってるじゃん！本買ったくらいで作られてたまるかっ！
たけしの挑戦状は攻略本無しでクリアなんかできないんだよ。カレー屋まーくんウェブショップで
チキンピクルスを買って晴れてプレート完成！無事インスタにもアップできるぞ！
まーくんのチキンピクルスはゴアなんかにあるやつとは全然違うぜ！
娘をこれで大学に入れるつもりだから、みんな足長おじさんごっこやろうぜ！

日本列島を狙うスパイス、その攻防の行方 Pt2

カレー

2018/7/30 11:00配信 [有料]　　インタビュアー：カンセコ・マリオ

『日本を印度化するのも一つの手段として講じられていますが、インド人にとってこの国土が魅力的に写らないという角度からも対策が進められています』カレー屋まーくんはそう語った。『インドはムンバイがポリウッドと呼ばれるほどの映画大国ですが、日本で上映されている映画は彼ら独特の価値観、（とにかく大人数で大金かけて筋書きめちゃくちゃで踊りまくれば踊りまくるほどナイス！）からはかけはなれており彼らには退屈です』そして彼はパソコンを開きリカルドヴィラロボスのDJプレイの動画を写すと『この動画を見てどう思われますか？』と言った。いいと思います、楽しそうですと私は答えると『そうなんです。誰がどう見ても楽しそうに見えるでしょ？　モダンなビートをかけクネクネと踊るDJの後ろには沢山の綺麗なチャンネーがただ踊ってるのです。これを見て踊りたくならない人はいないはずです。特に無闇矢鱈に踊りたがるチャンネー好きのインド人にとってこれほど踊りたくなることはないでしょう』まーくんは荒木師匠直伝、お得意のふんふんむちむち踊りを踊った。『しかし日本では踊ることはイリーガルです。唯一の例外は盆踊りだけです。インド人にとってこれほどの苦痛はあるでしょうか？』そう語った。2015年改正風営法によってナイトクラブの深夜営業は可能になったが、それを機にその枠から漏れた施設に対する取り締まりが厳しくなり現実的には増々踊ってはいけない国となった。『踊れなくなるのと日本人が日本に住めなくなる、どちらを取りますか？　もちろんいつか踊れる日を迎えるために今踊らないだけではありますが』カレー屋まーくんはそう言うと『踊ってるわけではありません。新春隠し芸の出し物の練習としてコマの物まねをしているのです』と言いながら小一時間ヘッドスピンで廻り続けていた。

続きをお読みいただくには、記事の購入が必要です。

税込 **108万円**　 **M-POINT** 使えます

記事を単品で購入する

この記事は会員限定です。クラウドファンディングのパトロンになると続きを読めると思ったらオレオレ詐欺に遭いやすいということがわかります。

最新更新：7/30(月)11:00

CHAPTER 2　　カレー

スパイスの使い方が大体わかってきたら今度はカレーにチャレンジ。
難しそうなインドカレーもパシリに作らせればkissより簡単。
焼きそばパンを買ってこさせるようにオリジナルカレーも作っちゃお！

まどろむ意識の穴から刺激を含んだ生温い空気が入り込んできた。

昼下がりの午後、僕は眠りを引き延ばすため脳髄をヒンヤリとした暗室に保管するかのように

まぶたを閉じていた。均衡を破ったのはドアのチャイムの音だった。

まだフィットしていない体を僕はなんとか起こし玄関に向かった。

ドアを開けると笑顔の配達員が立っている。

『すみません寝てらしたんですね。お荷物をお届けに上がりました』

ほどよく筋肉がついた締まった体つきの配達員は荷物を差し出した。

長く何かの運動をやってきたのだろう。ある競技で高いレベルまで達した事のある人間の動きは

明らかに人とは違う無駄の無い体の使い方をする。

全国大会常連校のバレーボール部にいた僕にはすぐわかった。

『サインでいいんだよね?』

僕は伝票を受け取ると誰も読む事の出来ないような走り書きでサインした。

ありがとうございました、配達員は伝票を受け取るとそう言って閉まる音が大きくならないよう

丁寧にドアを閉めた。閉まる直前隣の台所から刺激的な香りが入り込んできた。

それはそれまで僕をつつみ込んでいた空気と同じだった。

居間のテーブルは昨日の夜がそのまま残っている。

昨日は一時間ほど残業してからタイムカードを押し、中目黒駅近くにある地酒屋に立ち寄り

滅多に商品棚に並ぶことのない射美を買って自宅に戻ったのだった。

四合瓶の中身はカラだった。はっきりとした記憶はないがそのまま寝てしまったのだろう。

僕は体のダルさの理由を噛み締めながら何を食べようか考えた。さっぱりした物を食べたい、

始まる直前の冷やし中華がいいか?冷製のパスタもいい。調味料の棚を見ると買ってから一回

使っただけのスパイスが埃を被ってディアゴスティーニの本のように並んでいた。

隣の家の台所から漂ってくる香りの正体はカレーだったことに今気づいた。

そうだカレーがいい。

僕は居間に置いてあった辞表を取り会社にファックスした。

腹が減った。

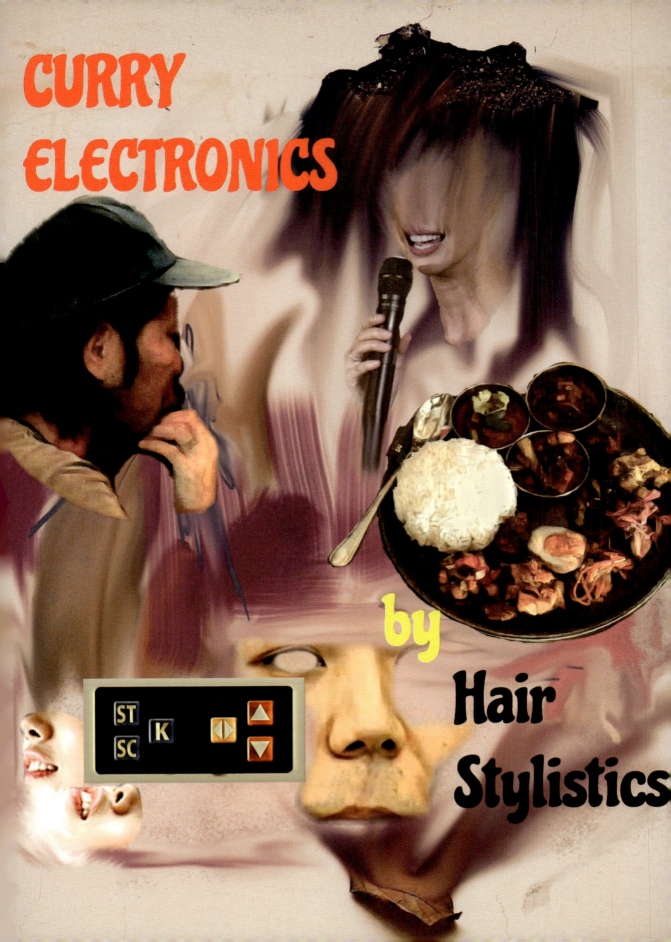

ブラジル行きの航空券は地球の裏側だけあって仕事を失ったばかりの僕には決して安いもの
ではなかった。

いつになるかわからない帰宅の為、冷蔵庫以外のコンセントは抜き冷蔵庫の中の生ものもすべて
処分し、小さいナップサックにTシャツと下着を二セットづつと歯ブラシ、小さいタオルを二枚を
放り込んだ。

普段の通勤より遥かに軽い荷物の重さと隣の家の食卓の香りを感じながらドアの鍵を閉めた。

節約するため鈍行で行くのも考えたが、その程度の節約などあまり意味が無いと思いライナー券を
買った。客もまばらなスカイライナーの席で何冊か本を持ってこなかったことを後悔し空港の
本屋で文庫を何冊か買おうと思った。

チキンカレーはカレーの中でもプリンスのような存在でなければいけない。

香り高く特徴的なスパイスの存在も感じさせながらも全体的にまとまりがあり、旨味もほどよく
蓄え主役の鶏肉も柔らかくあって欲しい。食べてから数週間味の記憶は薄墨色でありつつも
多幸感はくっきりと残っている。

成田に着くまでの間、僕はこれから作ろうとしているチキンカレーのことを想像した。

30分ちょっとの時間はあっという間に過ぎ空港でチェックインを済ますと、海外に行く前
何故か食べたくなる寿司と何故か買いたくなる成人雑誌の誘惑を振り払い、エールフランスの
航空機に乗り込んだ。パリを経由して28時間後にはリオデジャネイロに着く

腹が減った

長い飛行機の旅は思ったより苦痛ではなかった。小学校の頃サッカーの遠征で毎週末マイクロ
バスに乗っていた経験が耐性を作っていたのかもしれない。リオに着いてから子供の頃リオは
憧れの土地だったことを思い出した。

ブラジルの養鶏産業はとうもろこしと大豆の主産地が南部にあることもあり世界的にも有名だ。
地図で見るとサンタカタリーナ州はバスで一日ほどの距離に思えたが、道が悪いせいかそれとも
ブラジル人の気質のせいか結局ほぼ二日かかった。丸三日横になって寝てないことになる。
しかし仕事を辞めた開放感からか旅の疲れはそれほど負担には感じられなかった。
取りあえず今日はホテルに泊まるかと思ったが、どの方角が街の中心かすら僕にはわからなかった。
なにはともあれ歩き出さなければ始まらない。埃っぽい停留所から少し遠くに霞んで見える背の
高いビルを目指して僕は歩き出した。

道は四車線あり建物は立ち並んでいるがシャッターは閉まっていてそれが住居なのか商店なのか
わからない。人もまばらでこの道が街の中心に向かっているのか不安に思ったが後ろを振り
返ってもその先も同じように見えた。僕は歩き続けるしかなかった。

10分ほど歩くと左手にようやく食料品を扱う店が見え、その角から先はこれまでの道とは違って
商店が立ち並んでおり店の前には数人の男がたむろしていた。

『養鶏所はどこにあるか知ってるかい？』

男たちは顔を見合わせポルトガル語で何か話し合うと店の奥のレジに座っている女を呼んだ。
淡いピンクのワンピースを着た女がこっちに来ると『どうしたの？』と言った。男たちは英語を
解せなかったのだろう。

『養鶏所に行きたいんだ、知らないか？』

『養鶏所は街中にはないわ』女はそう言うと男たちにポルトガル語で何かを言った。

『ここから30分ほど行った所にある』

『どうやって行ける？』

『バスを停留所と停留所の間で途中下車しなければ行けないわ。養鶏所に用がある人なんて
ほとんどいないの。そこで働く人はみんな自分の車で行くから』

そういうと女はまた何か男たちに言った。

『彼の弟がそこで働いているから乗せてもらうといいわ。明日の朝8時にこの店の前でピック
してくれるようお願いしてあげる』薄茶のポロシャツを着た男が笑顔でうなづいていた。
男は前歯がなかった。

『ありがとう、助かるよ』僕は礼を言った。『大したこと無いわ』女は笑うと女も前歯が一本
無かった。男とは対照的にそれがとてもチャーミングだった。

腹が減った

ブラジル人のことだから時間に遅れてくるだろうと思っていたのだが、アンドレは3分前に待ち合わせ場所にやってきた。

『社長は時間にうるさいんだ、遅刻はできない』

彼が働く養鶏所は日系三世がオーナーで街から車で20分くらいの所にある。

『ブラジルはここ何年か景気がいい。でもそれは一部の人間だけのもので俺らには関係ない。どっかの国で病気が発生すればうちの養鶏所も景気が良くなるんだろうが、景気がよくなるのは社長だけだ。そういうものだ』

アンドレは聞いてもいないことを話し続けた。『お前は日本で何していた？』

何もしていない。大学で研究をしていたと専門学校卒の僕は答えた。他にも家族や日本の女について聞かれたがすべて適当に答えた。

無意味な会話は養鶏所に着くまで続いた。

養鶏所は小さな森に囲まれていた。

オーナーの住居らしき家が少し離れにあって、その隣にサイズの小さい小屋が二つ並んでいた。

『右の小屋が食堂だ。みんな仕事前にあそこで朝飯を食べる。オーナーが来るまで一緒に食事はどうだ？』

『いや遠慮しておくよ、食べてきたんだ。辺りを散歩してていいかい？』

『見るものとこなんて何もないけど構わないよ。鶏舎に入ってもいいよ。匂いに慣れるしな』

アンドレはそう言って小屋に入って行った。

腹が減った

『俺の親は元々牛を育てていたんだ。だけど出産は徹夜になるし大きくなるのに何年もかかる、
大変なんだ。親父が突然死んだのを機に牛を全部売って養鶏に切り替えたんだ。
みんなビックリしてたよ、そんな話し聞いたこと無いって』
オーナーの日系人は僕が働かせてくれないかと言うと小屋を指差してそう言った。
『養鶏はいい。一ヶ月半でやつらは肉屋へ出向する。うちはケージ飼いだから世話もベルトコンベアで
ほぼ終了だ。ここで働いてるヤツの仕事のほとんどは掃除だ。マシーンはしょっちゅう故障するから
鶏を育ててるというより、マシーンを育てているのかもしれない』
『ここでは何人働いている？』
『15人だ。その気になれば半分に減らせる、さらに機械化すればいいだけだ。でも俺は日系人だ、この
土地の奴らとうまくやらなければいけない。ブラジルで生まれ育ってポルトガル語しか話せなくても
俺らは完全なブラジル人にはなれない。ブラジルに住む奴らの先祖のほとんどは他の土地から
来たっていうのに。滑稽な話しだ』
確かにその通りだ。
『なんでうちわざわざうちに来た？　そんな遠い所から』
『鶏が好きなんだ』
オーナーは笑った。『俺も好きだ』
そう言って小屋の裏に息子が住んでいた離れがあるからそこで寝るといいと言って戻って行った。
腹が減った

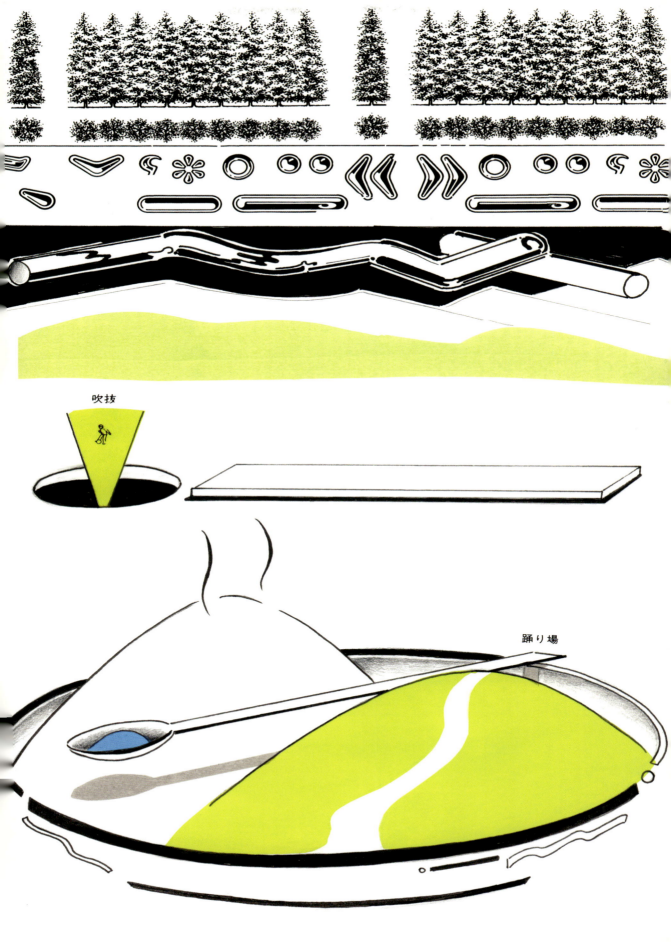

掴んだ鶏の足の裏は酷い炎症で爛れていた。しかし治療の必要はない。その苦痛もあと一時間後には
足と頭が吹っ飛ぶのと同時になくなるのだ。

仕事のほとんどが掃除と言われていたが鶏舎の掃除はこの一ヶ月で二回だけ。機械の簡単な掃除を
済ませたら僕の仕事はボスのボードゲームの相手と孫とのPK合戦がすべてだった。

夕方にはどういう行程でそうなったかわからないまま、二枚のモモ肉と胸肉を手渡された。

『これだけでいいのかい？』

『別にいいよ。毎日遊んでただけだから。金を払わずこのまま逃げるよ』

ボスは何故かゲームで負けた時に浮かべる笑顔で『すぐ警察に届けなきゃな。夜逃げした日本人を
捕まえてくれって』
と言った。

『多分ボスが捕まるよ。どこにも逃げてないのに』

僕が握手を求めるとボスは深く深く鼻をほじった後笑顔で手を出した。

街に到着してすぐリオ方面に向かう深夜バスがあったので、そのまま乗った。

夜を越し陽が登りまた落ちる頃、もらった鶏肉からは生きていた時の恨みとしか思えない匂いが
立ち上がって来て、僕は躊躇無く肉を窓から放り投げた。乗客の誰もそんなことにはまったく関心が
ないようだった。

三日後僕は自宅の目の前にあるスーパーで国産の鶏肉を買った。顔なじみの店員はとても驚いた顔で
『随分久々ですね。頬がこけて別人にしか見えなかったのでわかりませんでしたよ。』と言った。

一ヶ月何も食べてなかった僕を写した鏡の中の僕はヨガに目覚めた行者にしか見えなかった。

腹が減った

カレーを作って食べたが、体が食べ物を忘れてしまったのか一時間で吐いた。

腹が減った

Chicken Curry

チキンカレー

チキンカレーがない店ってまずないよな？　インド料理におけるキングオブキングと言っても過言ではない。そして店によってシャバいのドロいの辛いの甘いの変な香りするのいろいろありすぎて共通するのはチキンが入ってるってだけで自由度ハンパねえ。簡単に作る方法はもちろんある。鶏入ってればいいだけだもん。でも今回俺が教えるのは簡単ではないけど難しくはない、ちょっと手間がかかるチキンカレーの作り方だ。簡単ラクチンレシピではやっぱたかが知れてるんだ。料理ってそういうもんだと思うよ残念ながら。

用意するもの

- 鶏モモ肉　180g以上
  （皮は外し肉は親子丼用より少し大きいくらいにカット）
- 玉ねぎ　4個
  （2個は繊維と垂直にスライス。2個はミキサー）
- ニンニク　65g
  （擦りおろし。15gは肉のマリネ用）
- 生姜　30g
- ホールトマト　1缶
  （入ってるトマトジュースは他に使って！）
- りんご　半分
  （擦りおろし）
- じゃがいも　100g
  （擦りおろし）
- ニンジン　120g
  （擦りおろし）
- マンゴーチャツネ　大さじ1
- ウスターソース　180cc
- 醤油　90cc
- ブイヨン　1リットル
- カレーパウダー　25g
  （まーくんカレーパウダー推奨。でもどこのメーカーだって大丈夫。違いは出るが好みの問題、美味しさに上下はそれほどない）
- ☆ガーリックパウダー　4g
  （辛く作る時は必須。カイエンの香りを押さえる）
- ☆カイエンペッパー　2g
  （辛くしたくない時は入れない。あと痔の人も入れない）
- ☆パプリカ　3g
  （カイエン入れない場合代わりに入れると香りが近くなる。カイエン入れるなら入れない）
- フェネグリーク　3g
- ナツメグ　3g
- シナモン　1g
- クローブ　2g
- カルダモンパウダー　3g

タドゥカ用
　コリアンダー　小さじ1/2
　クミン　小さじ1/2

①鶏肉をニンニクと塩コショウ（分量外）で下味を付ける。
②最初は強火、水分が飛んだら中火で、ヘラを5秒動かさなかっただけで鍋底にへばりつくくらいまで玉ねぎを炒める。(a)
　（目安は超焦げ茶色、食べると超甘くなるまで炒める。結構時間がかかるので他の食材を切ったり、スパイスを合わせたり俺はするけど君たちには無理だろう。そしてそこまで料理が上達した時にはカレーを食べたいと思わなくなってるに違いない）
③ニンニクと生姜を入れる。(b)
　（いい匂いはするが所詮玉ねぎとニンニクと生姜だ！ダマされるな）
④パウダースパイスを入れる。(c)
　（3秒で鍋底にへばりつくが20秒くらいは頑張れ！ここで出る香りがカレーの香りのほとんどだ。20分くらい炒め続けると全然香りが無くなり努力の無意味さを知ることとなる。それも人生、ブルーワーカーなんか庭に投げ捨てろ！）

②から④までの作業は俺のカレーのほとんどの共通作業である。これをやりながら洗濯物を畳み、居間に掃除機をかけ、ヤフオクに入札し、LINEを既読スルーできるようになったら立派なカレーマシーンだ。熟練したころには自分は何なのかわからなくなってくるこの作業を香りのゲシュタルト崩壊と呼ぼう。

⑤リンゴ、ニンジン、ジャガイモを入れる。(d)
　（ようやく入った水分で鍋底にくっついた焦げる寸前の玉ねぎとスパイスを剥がせ！奴らは現時点では旨味が凝縮した状態だが、一線を越えると鍋全体が苦くなる。売れっ子モデルが整形し過ぎて歌えないGRACEJONESになるのと同じだ）
⑥ホールトマトを手で潰して入れる。(e)
　（手で潰すと大きさがまちまちになって一口ごと味の変化が起こる。これが俺の提唱する味のツンデレだ）
⑦醤油、ソース、ブイヨン、鶏皮を入れて煮込む。（入れてすぐなめてみよう。おい、マジかよ。こんなにメンドクサイことやったのにスゲーマズいじゃんとなる。これが美味しく変化する様がカレーを作る喜びの大きな一つ味のスクールウォーズ山下真司号泣現象だ）
⑧15分後ホールスパイスをタドゥカする。(f)
　（仕上げにするのもいいが個人的には香りのタイミングが不協和音を起こすのでこのタイミングで適度に馴染ませる）
⑨25分後にカルダモンパウダーと鶏肉を入れ、火が入ったら出来上がり。（カルダモンは仕上げの2、3分前。それより前に入れると田園都市線に乗って川の向こうへ行ってしまう。味見をしてまとまってなければもう少し煮込む）

Vegetable Curry

ベジタブルカレー

インドでは何故か野菜を複数使うカレーがほとんどない。なにかとブーブー言う人が多い国民だから複数使うと、『俺ニンジン喰いたくねえ』『キャベツ嫌いー』『親戚がジャガイモを投げられて死んだ』とか言われ誰も食べないからだろう。このベジタブルカレーは俺のカレー論の一つ『野菜にも香りがあるからスパイスの一つとして数えることが出来る』の結晶のような一皿だ。どんなスパイスも自分がスパイスだと思って生えて来たわけではない。うちの犬が俺より偉いと思ってるのと同じだ、次実家帰ったときお前カレーにすっぞ！　吠えるな！　野菜のいいところは香りだけでなく味があることだ。複数使うことで複雑味が生まれ俺の人格の薄っぺらさがチャラになる気がする。

用意するもの

- 玉ねぎ　1個
（繊維と垂直にスライス）
- きゅうり　100gもしくは一本
- ピーマン　100g大体5個ぐらいだが多い方が美味しい
- ニンジン　50g
（このニンジンは俺ってニンジン食べて偉いっ！という自尊心用なので多く入れるとバランスが崩れます）
- キャベツ　100g
（多く入れるとベイマックスが作ったみたいな味になる）
- オクラ　1パック
- ニンニク　50g
- 生姜　50g

- りんご 1個
- ホールトマト　1缶
- 醤油　90cc
- まーくんカレーパウダー 30g
（そこら辺のカレー粉で代用可能。俺に入ってくる金が少なくなるだけだ）
- カルダモンパウダー　5g
- 塩　適量
- ブイヨン　1リットル

①香りのゲシュタルト崩壊作業（P67参照）を行う。
②オクラ以外の野菜を投入しスパイスが絡んで、野菜から出る水分が無くなって来たらブイヨンを入れる。(a)
③リンゴ、ホールトマト、醤油を入れて30分程度中火で煮込む。
（リンゴ臭さが無くなってくるくらいのタイミングがあと10分の目安。でもリンゴ臭いのも結構美味しい。可愛くないんだけど何故か好きになっちゃう子みたいなやつやね）
④オクラとカルダモンパウダーを入れて3分煮込みできあがり。

(a)

Butter Chicken Curry　バターチキンカレー

バターチキンって見た目人間だけど他と違う宇宙人のような存在だ。色々なカレーを作れるようになって思った感想だ。旨味をそれほど重要視しないインド料理のなかでカシューナッツ、生クリーム、バターという旨味のメガ粒子砲のような食材構成。元々タンドリーチキンの切れ端が勿体ないからソースと合わせて賄いで食べたという得体の知れない出自。ヘルシーで丁寧に作った自慢のカレーを食べて欲しいと苦労して独立した料理人の想いなどガン無視！客はバターチキンしか食わない光景はホーストがボブサップにボコボコにされた中継を思い出さずにはいられない。そんな悲劇的な光景からか最近流行ってるインド料理店は万年人気ナンバルワンのバターチキンをメニューに載せないことも多い。今回はイタリアンを参考にしてバターチキンをアップデートしてみた。

用意するもの　☆は無ければごまかせ！

- 玉ねぎ　1個　微塵切り
- ニンジン　30g
- セロリ　30g
- ホールトマト　1缶
- ニンニク　80g
  （バターチキンをご飯で美味しく食べるカギはニンニクです！）
- 生姜　40g
- 生クリーム　90cc
- カシューナッツ　100g
- ☆チェダーチーズ　50g
- 蜂蜜　80g
- ココナッツミルク　1/2缶
  （余ったココナッツミルクで何するか占い特許出願中）
- 鳥モモ肉　180g
  （あぶねー！バターチキンなのにチキン入ってないの入稿直前に気づいた！）
- ブイヨン　500cc

【ホールスパイス】
- ☆クミン　小さじ1
- ☆シナモン　1本
- ☆カルダモン　5粒
- ☆クローブ　10粒
- ☆ベイリーフ　1枚

【パウダースパイス】
- ターメリック　大さじ1
- コリアンダー　大さじ1
- クミン　大さじ1
- ☆パプリカ　大さじ1/2
- ☆シナモン　小さじ1/2
- ☆フェネグリーク　小さじ1
- ☆カスリメティー　一掴み
- ☆フェンネル　小さじ1/2

①まずはトマトソースを作ろう。鍋に油を引き玉ねぎ、セロリ、ニンジンを炒め野菜から出る水分が飛んだらトマト缶を入れ、鍋から凄まじい飛距離で飛ぶくらいまで弱火で煮詰めよう。飛んでくるトマトソースで魔界村ごっこをやるくらいの余裕が必要だ。(a)

②鍋にたっぷりのお湯を沸かし海水くらいの塩を入れたらパスタを茹でよう！フライパンにオリーブオイルをひき、にんにくを色づくまで炒めてから、玉ねぎを投入。しんなりしたらトマトソースをぶっこめ！茹で汁を少々入れ煮詰め、パスタの茹で時間より1分くらい短い時間でパスタをザルに上げよう。フライパンの火を最大にしパスタを入れ乳化するよう振りまくれ！仕上げは伊勢丹で買ったエクストラバージンオリーブオイルをかければ今日の夕飯はできあがりだ！

③翌朝おまえはバターチキンを作るつもりだったのにパスタを作って食べてしまったことに気づくだろう。昨晩カレーを食べようがパスタを食べようが君の人生はたいして変わらない。北の国からの五郎のマネでスパゲッティバジリコと三回唱えれば救われると思うよ。

④カシューナッツペーストを作ろう。カシューナッツを軽く洗って牛乳で煮る。水分が殆ど無くなったらフードプロセッサにかければ完成だ。メンドクサイ人はピーナッツバターで代用しよう。そりゃカシューナッツとピーナッツなんて食べれば全然違うことくらい誰だって解っているが、それはそれで旨い。リッツに塗って後藤久美子とリッツパーティーだ！沢口靖子も後から来るよきっと。(b)

⑤翌朝おまえはカシューナッツペーストの代わりに買ってきたピーナッツバターをリッツパーティーで全部食べてしまったことに気づくだろう。クリームチーズと生ハムまで買ってあったからそうなると思ってたよ。でもホントに欲しかったのは後藤久美子と沢口靖子だったよね。中年二人で鳴らすクラッカーの虚しさ、俺は絶対忘れないよ。

⑥ようやくカレー作りに入るお！鍋にホールスパイスを入れてテンパリングしよっ(c)

⑦こっからは恒例の香りのゲシュタルト崩壊作業だ(P67参照) 取りあえずここから読むと何の本かまったくわからないよね。インド料理のミステリアスってポジティブに受け止めて欲しいな。

⑧トマトソースとカシューナッツを入れブイヨンを注いで沸騰するのを待とう。あ、チーズ喰ったね。ワインも飲んでるね。なんでお前ベルキューブまで買ってきたの？赤ばっか喰うなよ。(d)

⑨翌朝おまえはカレーに入れるつもりだったチェダーチーズは少し食べただけでまぬがれたものの、マヌケな顔した牛の銀紙が散乱しているのを見て中年二人チーズを食べてわちゃわちゃしていただけだったことに気づくだろう。おっさんふたりでやるツイスターは格別だったよ。審判はプレイヤーがやると審判じゃないね。えっ？動画？何で俺たちボヘミアンラプソティー歌ってたんだい？

⑩鍋が沸いたらチーズを入れよう。チーズは中々解けないし焦げやすい。弱火で鍋底を頻繁にさらおう。チーズが完全に解けたらハチミツを入れ味を見てみよう。この時点で90点の味になってるはずだ。あとは鶏肉と生クリームと揉んだカスリメティーとバターを入れ鶏肉に火が入ったら完成だ。ヘーホイップってそうやって作るんだね。どっちが先にホイップクリームできあがるか競争だって？俺の上腕二頭筋は絶対ミートグッバイしないぉ！(e)

⑪翌朝おまえは何故か半裸で体のあちこちにホイップクリームが付いてる俺を見て顔を赤らめたね。あ、生クリームだけじゃなくてバターも入れるの忘れてたじゃないか。それでも二人の共同作業で作ったバターチキンは格別の味だよ。一緒にベルリンで暮らそう！

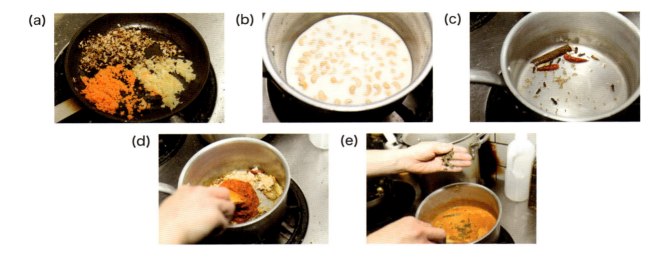

ライス

米の炊き方

インドの米と言えば粒が長いバスマティーライス・・・という印象だが魚沼産コシヒカリと同じくらい高級品で特別なものらしい。それなのに俺はこの香りがあまり好きではない。
この本ではインドでのバスマティーライスの炊き方とまーくん式日本米とブレンドの炊き方をレクチャーする。どちらもマグロ丼には合いませんし、こぶしのきいた声で『ち〜らし〜』と歌ってもちらし寿司はおいしくなりません。オランダから連れて来た助っ人外国人FW三人組だと思って適材適所で食べてください。

炊き方を教える前にまーくん的米の考え方を教えよう。カレーに合う米は3種類のタイプがあるのだ。

①カレーと協力して美味しい料理となる米

日本人が大好きな粒が立ったほんのり甘くもちもちした米。カレーのソースは具材を生かすような少し引き気味の香りと塩気に仕上げた場合、米の甘みが加わり抜群の相性になる。そんな美味しい米を前にした時、僕は確実にカレー以外を食べると思います。すき焼きとかがいいね。

②米の香りをスパイスの一つとしてソースにマッチングさせる米

バスマティーライス、ジャスミンライスはその独特な香りをスパイスの一つとして考え、カレーのソースを吸い込み一つの完成された料理になる。現地再現の方向でしたらこれやね。人の荷物の中身にやたら興味を示し、入り口にチャックが付いたプルーンの袋（中身はすでに完食済み）まで欲しがるインド人の姿勢までは再現しなくてもいいかと思います。

③ソースの乗り物としての米

通常より多く研ぎ米の香り・味を減らし、水加減をかなり減らしてパサパサに仕上げるとカレーのソースを邪魔せず美味しく食べることができ、日本的な感覚でインド・日本的インド問わずはっきりした強めのソースに合う。まーくん式は更にバスマティーライスを4割混ぜ香らないけど日本米より長い粒が口の中でほどける食感を楽しめるように仕上げる。とにかく和食に合わない。

バスマティーライスの炊き方

① バスマティーライスは香りが命、その上研ぎ過ぎると折れるので一回優しくかき混ぜるくらいにしておく。おまえの汚いとか気にする感覚はとっくに剥奪しておいたのでその道を突き進め！

② 15分ほど浸水しておく。って本に書いてあったからそう書くが、俺は日本米も浸水しないのに、米を炊くのが上手いと評判の料理名人だ。カレー用の米なら火加減だけちゃんとやれば美味しく炊けますよ、実際。

③ 鍋にたっぷりお湯を沸かし、沸騰したらザル上げした米を茹でよう。時間は5分という人もいれば15分という人もいるので他人などまったく信用にならないことを深く理解できることだろう。目安は少し芯がある程度という人もいれば、炊いて少し経つと固くなるので気持ち柔らかめにという人もいるので俺は少し芯がある程度になってから1分でザル上げしている。インド人はもちろんそこに関わる人すべて責任は取らないという姿勢を受け入れることがこの料理の上達の鍵だと思う。

④ ジャーを保温にして少しの時間蒸してもいいし水が切れたらすぐに食べ始めてもいいし、教えましょうと言っておいてなんなんだけどあなたが良ければすべて良しです。そして美味しくないなと思ったら俺以外のせいにしてくれ。インドは責任のハンカチ落としのような国家だ。

まーくん式炊飯法

炊きたい総量の米に対し、日本米：バスマティ＝３：２
水　米の総量の85％（新米の時期は80％）

①米を炊く10時間前にベイリーフ１枚、
　クローブ5~8粒
　カルダモン5粒を入れ沸騰してから二十分弱火で煮る。
　冷まして常温になったら冷蔵庫に入れる。（スパイスを米と一緒に炊いても蓋を開けた時に香るだけで米には上の方が少し香りが付くだけです。ならば水に香りを移すしか無いわけだが強烈に香りが付くわけではないし、強烈に付いたら付いたで鬱陶しくて邪魔くさくなるのでこの程度が丁度いい。メンド臭かったらやらなくてもいいし、なんなら近所のインド料理店にいくのがベストなはず）

②日本米を先に一回研ぐ。研ぎ方は両手で米を取り優しく擦り合わせるように研ぐ。
　水を捨てたらバスマティーを入れ二回軽く研ぐ。
　バスマティーの香りを強くしたければ一回でいい。(a)

③1の水からクローブを取り除き米を炊く。
　鍋で炊くならば沸騰して12分極弱火〜火を止めて10分で炊き上がり。
　前日からメンドクサイことをやったので詰めが甘いと言われぬよう、できれば鍋で炊きましょう。

お味噌汁に親子丼にお刺身に！
普通のお米の方が美味しいねと実感できます

Bouillon

ブイヨン

ブイヨンの取り方

ヴェジタリアンが多いインドでは動物性の出汁は必須ではないけど俺のカレーはほとんどすべて入る。だって一回とると大抵余るんだもん。もったいないから使いたいじゃん！

インド料理のブイヨンは灰汁は取らないらしいけど、最初に出てくる前世の悪いことした分、全部来ましたーみたいなやつもほんとに取らないならスゲー精神力だと思う。灰汁にも旨味が入ってるってことらしいけど、普段旨味軽視してるクセにいきなり貪欲になる感じインドらしいなと思う。

カレーに使うブイヨンはフレンチとかと違って適当にやった方が絶対いい。もみじとか使って旨味増やすとカレーの邪魔になることが多いし灰汁を取り過ぎると複雑味が無くなって美味しくないことが多い。

それにしてもインド人の行くとこすべて適当が正義みたいに世界が勝手に廻り始めるのは何故だろう？

用意するもの☆は無ければごまかせ！

鶏ガラ　3kg
水　5リットル
玉ねぎ　2個
ニンジン　2本
セロリ　1本
☆スパイス
　（クローブ、カルダモン、ベイリーフ、ホワイトペッパーを小さじ1ずつ）
☆野菜のクズ

①鶏ガラを掃除する。あばらの裏側、背中、尻尾に真ん中についている脂を取って適当な大きさにブッタ切り10分ほど流水で細かい何かが出て行くのをジッと待つ。（あの細かい何かの正体なんだかわからないがケミカルブラザーズって呼んでる）

②冷蔵庫に一晩置いて再度流水して（したつもりになって）寸胴で煮る。沸いたら弱火で3時間ほど煮込む。（こまめに灰汁を取る必要は無いけど沸くタイミングで出てくる灰汁は、友達のキン消し盗んだとかこっくりさん動かしてたのほんとは自分とか人生のカルマとして一気に吹き出るから火を弱めて真言を唱えながら取ろう。できあがりは時間を信用するよりも味を見て決めよう！何時間やったってブイヨンは『んまいー』とかにはなるもんじゃないから、ん〜お湯ではないなとかでいいんじゃない？）

Tadka&Tamarindo Juice タルカ&タマリンドジュース

タルカ

インド料理の超独特技法タルカ。でも俺はタドゥカって言う。なんかそっちの方が魔法使いみたいじゃん！『おーあっち行ってろ！いまタドゥカすっから』絶対ベギラマくらいのやつが出る。タドゥカは油にスパイスを入れて熱々にして香りが出た所に料理目がけてかけて『ジュッ』とかけ香りをドーンと出す技だ！テンパリングとも言う。予想よりデカイ音するから友達の家でやるとみんなびっくりするぞ！

友達の買ったばかりのパソコンに！
酔いつぶれているヤツの脇腹とか首とか入れ墨するとスゲー痛い場所に！
凄まじい匂いのするスニーカーに！
タドゥカはすべてを香り高くぶち壊すぜっ！

シナモン、ベイリーフ、クローブ、カルダモン、クミン、マスタード、カレーリーフ、フェネグリーク大体この辺がよく使われるスパイスだ。あとは青唐辛子や豆類もやるね。マスタードはドンパッチが収まるまで、クローブ、カルダモンは膨らむまで、カレーリーフは一瞬、他は色づくまでってのが目安だ。注意事項はただ一つ、焦がすな！だ。それだけ守れば合格だよ。それとカレーリーフって食べていいのかちょっと迷うだろ？俺は細かく千切りにしたのをタドゥカして入れてる。細かくなった分焦げやすいので、油が冷たいうちに入れて香りが出たらぶっこむ。なんで誰もやらないんだろ？要はスパイスの香りが立つ温度まで上げて油に香りを移すのが目的だ。香りが移った油をどう使うかは君の人間性次第！人民に平和あれ！

タマリンドジュースの作り方

メンドクサイけど難しい作業ではない。ただお湯を入れて揉むだけだ。揉んでいると水が焦げ茶色の食欲を誘わない色に変わってくる。5,6分揉んでいれば何者かわからない繊維だけになるのでザルで繊維を漉そう。

Sambal&Rasam

サンバル&ラサム

トルコ国境近く西イランの若者が今一番興味あることって知ってる？そんなの知らないよね！俺も知らない。同じように世の中の大部分の人にとって超どうでもいいことの一つにこの何年か日本のインド料理の大きなトレンドは『南インド料理』『ミールス』だっていうことがある。スゲーどうでもいい話しだね。そんなスゲーどうでもいい料理を作っているとぶつかる問題『タマリンド漉すのめんどくせえ問題』というのがある。タマリンドっていう知らない人から見たら粘土遊びにしか見えない、ザルに入れてお湯をかけて揉む作業。よーしこれから料理作るぞーっていう時に作るのも食べるのも何か嫌になってくる。しかしどうしてもやんなきゃいけないのが南インド料理だからどうせこれやるなら一気にやっちゃいたい！ということでタマリンド使う二大カレー、サンバルとラサムをレクチャーする。どんな質素なミールスもこの二つがないってことはない。でもこの二つだけだと寂しいなってのはみんな気にすんな！

サンバル

用意するもの ☆は無ければごまかせ！

- 玉ねぎ　1個
  （1cmくらいのダイスカット）
- トマト　1個
  （形を残さないのでどんな切り方でもいいが丸のまま入れるとイゾラドと呼ばれる可能性大）
- タマリンド　15g
  （潰れて使わなくなったピンポン球一個くらいをジュースに）
- ☆青唐辛子　1本
- ☆茄子　2本
  （複数の野菜を使うのもいい。冬瓜なんかがポピュラーだが煮物にできる野菜なら大体大丈夫）
- ☆ニンニク、生姜　40gずつ
  （擦りおろし。サンバルには結構入れないことが多いようである。俺は絶対入れる）
- トゥールダル　100g
- ターメリック　大さじ1/2
- コリアンダー　大さじ1
- クミン　大さじ1
- ☆サンバルパウダー　大さじ2
  （クミン　小さじ1/2
  コリアンダー　小さじ1
  フェネグリーク　小さじ1/4
  生米小さじ　1/4 カイエン　1本
  などを挽いたミックススパイス。市販品もある。）
- ☆テンパリング用ホールスパイス
  クミン　小さじ1
  カレーリーフ　20枚
  マスタード　小さじ1
  ヒング　小さじ1/8
  ベイリーフ　1枚
  カルダモン　5粒
  クローブ　8粒
  シナモン　1本。
  入れる重要度順。ヒングぐらいまでは入っていた方がいい。

Sambal

サンバル

① 軽く洗ったトゥールダルにターメリック・塩（分量外）を入れて煮る。柔らかくなったら粗熱を取ってフードプロセッサにかける。
（この後にもターメリックと塩は入るしペーストにしちゃうんだから入れなくていいんちゃうか？と思ってるから俺は入れないけど人には下味は必ずつけろと強要するよ）
② 鍋に油を引きホールスパイスをテンパリングする。(a)
③ 玉ねぎを炒める(b)
（焦げ茶色まで炒めず玉ねぎの角が少し焦げる所まで。旨味ではなく風味付けと具材としての玉ねぎ。色々な役割が玉ねぎにはあるのだ。オレが後半最後に投入される時間稼ぎしか役割が無かったのと対照的に）
④ ニンニク、生姜を入れ香りが出たらパウダースパイスを投入する。(c)
（ニンニクと生姜はある程度炒めないとベースにならずグングン主張する。パウダースパイスは火入れしないと香りが出ず、水分が無いのですぐ焦げる。俺の存在と対照的にこの順番・タイミングには大きな意味がある）
⑤ トマトを形が崩れるまで炒め,トゥールダルのペーストを入れる。(d)
（サンバルにはホールトマトではなく絶対生！他のカレーも生の方が大体いいんだけど味が安定しないしビックイシューを売らなくて済む日が来るまでホールを使おう！同士諸君）
⑥ タマリンドジュース、お湯を入れ煮込む。火が入りづらい具材から順番に入れて煮込もう。(e)
（確かに君と俺は火が入りづらいかもしれないが、食用として決して優秀な食材ではない。タダというだけだ）
⑦ カレーリーフをテンパリング(f)
(カレーリーフは20分も煮込むとタバコ休憩に行っていなくなってしまうのでできあがり直前ね！)
⑧ サンバルパウダーを入れ2、3分煮込んでできあがり
（サンバルパウダーは作るとメンドクセーから売ってるヤツでもいいと思うんだけど大久保以外で売ってるのなんか見ないよね。なんてハードルが高い料理なんだ！）

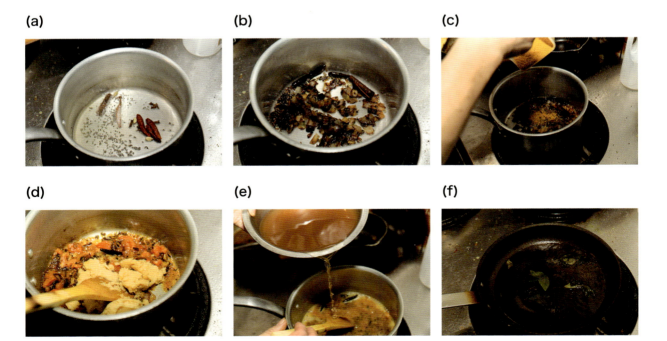

Rasam

ラサム

用意するもの ☆は無ければごまかせ！

- ・タマリンド　15g（ザルで漉してジュースに）
- ・ニンニク　30g（擦りおろし）
- ・生姜　50g（擦りおろし）
- ☆ホールトマト　1缶
- ☆パクチー　15g
- ・塩　15g
- ・マスタードシード　大さじ1
- ・カイエン（ホール）　5本
- ☆カルダモン（ホール）　8粒
- ☆シナモン（ホール）　1本
- ☆ベイリーフ（ホール）　2枚
- ☆クローブ（ホール）　10粒
- ☆ブラックペッパー（粗挽き）　小さじ1

- ☆コリアンダー　大さじ1
- ☆クミン　小さじ1
- ☆ヒング　小さじ1/8
- ☆フェネグリーク　小さじ1
- ☆アムチュール　小さじ1/2
- ☆クローブ　小さじ1/4
- ☆シナモン　小さじ1/4

重要度順。フェネグリークくらいまでは入って欲しいね。

- ☆黒糖　大さじ2

ミールスに添えられているラサムはトマト、パウダースパイス無しのシンプルな物が多い。ラサム単品で楽しむにはそれだと物足りないので☆の物を好みで足して行くと美味しくなっていく。さらにマッシュした豆を加えればレストラン仕様になるが今回はサンバルと味が似てくるので入れていない。

作り方

①鍋に油を引きホールスパイスをテンパリングする。(a)
　（まずはマスタードから！弾け終わったら他のスパイスを！弾け飛んだスパイスを茶こしでキャッチするゲームしないって子供を誘ったら唾を吐きかけられたよ）

②ニンニクと生姜を入れ香りを出す。(b)
　（あらいい匂いって嫁が言うもんだから夕飯これでいい？って聞いたら、結婚前に言ってくれたら他へ嫁いだのにってLINEが来たよ）

③パウダースパイスを入れ香り出しする。(c)
　（さっきから犬がずっと俺に向かって吠えているよ。うちのマンション犬飼うの禁止って知ってて吠えてるね）

④ホールトマト、お湯、黒糖、タマリンドジュースっていうか残りの物全部ぶっこめ！(d)
　（あとは待つだけだから我が家で唯一俺の味方『ズボン』を撫でて待っているよ。ズボンは十年前に古着屋で買ったスウェットパンツで裏起毛が気もちいいので裏返してペットとして飼っている）

(a)

(b)

(c)

(d)

カレーの設計方法

オリジナルのカレーを作ってみよう

　数々の経験を経てスパイスの特性を理解し、複数のスパイスを用いてカレーを作れるようになったら行き着く先はオリジナルのカレー作りしか残されていない。

　言われたことは忠実にできても世の中にまだ存在しないオリジナルカレーへの道無き道は険しく、雲のような存在を前にして君は立ち竦んでいることだろう。
『崖の中腹でナツメグを食い過ぎてニヤニヤしている青年が見えます』
ユリゲラーはそう言っている。

　君のオリジナルカレーを俺が作ることはできない。なぜならばそれは君の頭の中にしかないものだから。
しかしながらそれが朧げながらも君の頭にあるのならば、今から書くカレーの設計技術はきっとその道を照らすこととなるだろう。

1.カレーの要素
　作りたいカレーはどのような要素で構成されているか？　それがわかって初めてそれを実現するため用いる技術がはっきりする。
　（世界的スターになりたい/結果→世界が5人くらいになるよう毎日お祈りする/手段。実際に5人となった暁には君はきっとスターだ）

香り（他の料理と比べ圧倒的に突出している要素。どのような香りがどのタイミングでどの強さで香るか?）
甘み（旨味との高い相関性。爽やかな甘み、ネットリした甘み、柔らかい甘味）
旨味（動物性、植物性。沢尻エリカのビンタ由来の多幸感溢れる旨み）
酸味（様々な香りと鋭さ、タイミング）
濃度（旨味との高い相関性。煮込み中飛んできた時のリアクションのしやすさ）
塩気（強い、弱い。料理のおける素材の立ち位置との関係）

　他にも苦味、辛味、視覚などの要素があるが基本はこの６つの補完的要素であると考えられる。

　この６つの要素を自在にコントロールできるようになったら人民からは仙人のように崇められ『納豆三粒で過ごしなさい』『それが定説です』などと訳のわからないことを言って爆笑される立場を勝ち取れる日が来るだろう。

1.香り

まず香りを説明する前にカレーについて一番の固定観念、スパイスの話からしようと思う。カレーと言えば百人中百人がスパイスのことを思い浮かべるだろう。スパイスを全く使わなければキミが全力で言い張ってもそれは『野菜を茹でただけだよ〜』『うちの方ではそれを水炊きって呼ぶね〜』と言われても仕方ない。しかしインドにはスパイスを使ったか使わないかわからないくらいの料理もパジャマを着て大手企業の入社面接を受けに行くヤツくらいの数は存在するし、そもそもカレーはカレーである以前に食べ物だ。カレーがカレーである為にはスパイスは絶対必要であるが、美味しいカレーで重要なのはスパイスでなかったりすることもある。

　　わかりやすい例を上げよう。

野菜を茹でて茹で汁ごと食べてみよう。塩を入れればそれなりに食べれる一皿になる。（スゲー可愛い子はすっぴんでも大抵可愛い）今度はスパイスを水に溶いて塩を入れて飲んでみよう。どんなクオリティーの高いスパイスを使った所で野菜を茹でただけの方が美味しいはずだ。（化粧がいくら上手くなっても行き着く先は『おまえもしかしてスピルバーグの姪っ子？』と言われるのが限界ということだ）
スパイスの実態の98%は香りであり（個人的見解だからなっ）30種類のスパイス（30種類のスパイスをとか謳ってるカレー屋は沢山あるが30種類も俺知らんよ。いらないしそんなに）を鼻をつまんだら舐め比べしてもカイエン以外区別は非常につきづらい、ただの粉だ。

　　スパイスの本質の一側面を説明したので俺のカレー作りの持論を言おう。

『面倒臭い！』
あ、しまった！俺の人格からくる心の叫びは無かったことにしないとすべて終わってしまう。もう一度仕切り直しまーす！
『カレーとはスパイスの調合以外の部分をできるようになって始めてスパイスが威力を発揮する料理である』そうなんだよっ！お前らがスパイスのことを気にするのは百年早い!!!

　　さてスタート前の心得を説いたところでようやくスパイスの設計方法を話そうじゃないか。

・スパイスがどれくらいどのように香るか？
塩辛い料理とそうでない料理は塩分がどれだけ入ったかでほぼ決まる。しかし塩と違ってスパイスは量を増やしたからといって香りが増すとは限らないのだ！
スパイスは各種類、揮発温度（揮発音頭）という香りが立つ温度があり、そこから先は煮込めば煮込むほど大抵のスパイスは田園都市線に乗って多摩川の向こうに帰っていく。そんな中シナモン、ベイリーフ、スターアニスは煮込み過ぎてもずっとそこに佇んでいる。理由は定かではないが、きっとあいつらは鍋に入っても『自分は木だ』と思い続けているからだろう。注）スパイスほどではありませんが塩も合わせる素材、タイミングで感じ方は変わります。

香りの強さは以下の通りだと考えている。
ウェットマサラ→ホールスパイス（噛んだ時）→パウダースパイス（煮込むと香りは飛び馴染んで行く。出来上がり寸前に入れた方がよく香る）→ホールスパイス（30分以上煮込んだ物）
香りの速度
出来上がり直前に振ったスパイス→出来上がり直前テンパリングされたスパイスの香り→ウェットマサラ→パウダースパイス→ホールスパイス

これら特性を考慮してスパイスの入れる状態・タイミングを考えて行くのがここ最近のカレーの考え方だ。

ホールスパイス・・・挽く前の粒の段階をこう呼ぶ。粉よりも香りの劣化は少なく鍋で乾煎りするとより香り立つ。パウダーより遅いタイミングで香りソースの後方で地味だが重くどっしり香らせたいスパイスはホールを煮込むのがいいだろう。シナモンは特にパウダーだと全体の調和をぶち壊す傾向があるのでホールの方が安全だ。30分以上煮込むと粒に香りはほとんど無くなり、2.3割かはソースに付きそれ以外は田園都市線に乗って多摩川を渡って家に帰る

パウダースパイス・・・当たり前だが元々はホールの物を挽いたものである。香りを強くしたければ乾煎りしたホールを挽くのがいいが、すべてのスパイスをそうやってカレーを作るとキャバ嬢の香水みたいでいい匂いも鬱陶しく、スパイス同士ガチャガチャと調和を拒むうるさいカレーになるので強調したい物だけをするのが俺の好みだ。（あくまで好みであって、近年のスパイスカレー好きの方はとにかく香るのが好きな人が多い。キャバ嬢好き、深津絵里好き、双方に優劣はない）煮込むと序々に香りは田園都市線に乗るが、まとまりが生まれ一日置くと完全に調和する。よくインド人は次の日のカレーは食べないというは余裕で喰うっていうかそっちの方が好きーインド人シェフも存在する。気にすることは無い。ちなみに俺のカレーはすべて一日寝かして強調したい部分だけ直前に足して出している。

テンパリング・・・インド料理独特の手法で油を熱し温度が上がった所でスパイスを入れ、一気に香りを出しソースにかける。強く早く香る手法だ。スパイスの性質によって油が冷たいうちにスパイスを入れたりもする。テンパリングに限らないのだがインド料理はスパイスの香る香らなくなる温度を意識しながら料理しなければいけない。

ウェットマサラ・・・ホールスパイスを水と一緒にスパイスミルで挽きソースに入れる手法。香ってくる速度は早く、とても強く香るが熱が入ってないのでスパイスのエグみも出てしまうのでその場合少し煮込むとよい。とにかく強く出るのでAKBのセンターに立っても映えるような存在が要求されどのスパイスでもいいわけではない。しかしスパイスには揮発温度があるのにそれを無視してそれ以上に香るのは何故だろう？　裏口入学のような手法だ。

　　香りをマスターした時、周りから尊敬されるために言うといい一言
　　・カレーはその存在を時間に刻みたいからこそ、人間の記憶に深くコミットする香りという手段を使ったんだ。
　　・物質は様々な状態が可視化されるのを拒絶するため香りを発したんだと思うよ。
　　・香り？　僕にとって宇宙と交信する手段の一つだお。

甘み

お菓子のような強く知覚される甘みでなくとも、料理にはある程度甘みがあった方がバランスが取れ他の要素がより良く感じられるものである。カレーの甘みの付け方はいくつかあり、口に入れた瞬間感じるもの、ボトムにどっしりきいてくるものなどイメージに合わせて加えるのがいいだろう。

玉ねぎ・・・カレーにおける自然な甘みは玉ねぎによる部分が大きい。生の時点では香りと辛みしか無かったものが、いわゆる『飴色』になると独特の香りと甘みが生まれてくる。更にどす黒く焦げているのか炒め過ぎたのか判別付かない所まで進むと強烈な甘みと旨味に変わりカレーの土台として支えてくれる。スライスより微塵切りの方が角が多いため香ばしい香りが強くなり、繊維が切れている為ドロっとしたグレービーには微塵切りの方が仕上がりやすい。その作業の過酷さから水分が飛んで甘みが凝縮されるなら擦りおろして水分を飛ばしても同じではないか？　トライしてみる者は多いが実際やってみると甘みは出ない。カレー作りにおける過度に手間がかかった方がいいという神話めいた価値観はこの不思議な現象に起因し、炒めた玉ねぎを冷凍しても気づかないほどの違いしか無いのに始発前から仕込み始める者が現れるのは因果なものである。稀にフライドオニオンも使われる。

りんご・・・『りんごとはちみつ恋をしたぁ～』でよく知られる組み合わせだがインドでりんごが入るレシピは聞いたことが無い。その甘みは重すぎず適度な酸味も与えてくれ、煮込み時間が短ければりんごそのものの風味も残りそれはそれでフルーティーで悪くない。りんごは時期によっては高いので缶詰のパイナップルを足してもよいし、缶詰の汁にゼラチンを加えてゼリーを作ると貧乏臭くて早くこの生活を抜け出さねばと決意が固まって良い。

マンゴー・・・日本では盲腸で入院しないと食べることができない高級な果物であるが、熱帯の国ではそこら辺でなっている物でアフリカでは拾って来たお駄賃というくらい安い。インドではマンゴーをスパイスで煮込んだマンゴーチャツネがあり重めの甘みと酸味・スパイスの刺激的な香りを料理に与えてくれるが、すべてのカレーに入れるような物ではない。子供の時親に隠れてなめていた為飽きてしまったのであろう。

バナナ・・・想像通りねっとりした重い甘みを与えてくれる。バナナ独特の青臭い香りは煮込んでも飛ぶどころか更に存在感を増すようで実は使うのは難しい。サラッとしたカレーに使うとほんと邪魔で完食するのは困難だがキーマなどには意外とハマる。

トマト・・・主に酸味付けの役割だが弱火でじっくり火入れすると酸味は弱まり独特の甘みと旨みが生まれる。ペースト状まで煮詰めると、ヌチャっという音と共に白いTシャツに飛んできて意思を持ってるとしか思えない。

砂糖・・・スピード感のあるギラッとした甘みが付くが、カレーに限らず料理に使うことは意外と多くない。サンバルには砂糖を使うとどこかで読んだことがあるが入れても入れなくてもいいというのが個人的見解である。タイ料理では体の温度を下げる為か多用され、隠すこと無くおおっぴらに使われる化学調味料といいチチ＆チョンのような関係である。

はちみつ・・・あまり使う人は居ないが個人的に多用している。タイ料理でも砂糖の代わりにはちみつを使い科学調味料無しで作ると素材感も豊かになり違った味わいに仕上がる。ただしあまりにも高級ハチミツを使うと香りが馴染まずバランスを崩すがそういう物を選ぶ人はそれを認めたがらないので面白い。加糖無し純粋ハチミツが丁度良い。

黒糖・・・インドにはジャガリーと呼ばれるウルトラマンに倒されそうなヤシの樹液から作られる糖があるがそれの代用として使うといい。個人的にはトマトラサムの甘みづけに使っていて俺のラサムのおいしさの肝でもある。

マンゴーチャツネ・・・マンゴーを砂糖とスパイスで煮込んだジャム状のもの。そのまま塗って食べることもあるらしいが、軽く塩気も入ってるしスパイスも強いのでどうしてもその気にはならない。煮詰めてあるのでネットリと甘くスパイス感はカレーと同化するのでいいボトムとなってくれる。海外のものを含めレシピ本で使ってるとこをほとんど見たことがないが、市販品があるくらいなのだからきっと使っているのだろう。

甘みをマスターした時、周りから尊敬されるために言うといい一言
・甘さってみんなを包んで気持ちよくさせるけど、包み込んでいるっていうのはマウント取られてる状態ということも理解しておいた方がいい。
・甘いでしょ？　この錠剤を飲むとそれ酸っぱくなるんだよ、面白いでしょ！　LINE交換しない？

旨味

インド料理、特に南は他料理に比べ肉をあまり使わないので旨味がそれほどない料理という側面がある。現地のものを忠実に再現したミールスなどを食べて、なんだこのマズい料理は！という感想を持つ人は料理を香りで食べるのではなく旨味で食べているからだろう。我々日本人は旨味大好き国民であり、味の素というサッカーでボールを手で持つレベルの反則物質を作り出した国民だ。現地再現を目的としないならば旨味をどうやって持たせて料理を作るか？というのは料理を作る上で大きなテーマとなるであろう。

鶏肉・・・鶏ガラなどを煮出して作るブイヨンをカレーに使用する際には洋食などで使われる物とは違い、灰汁は作り始めに出てくるものだけ取り、煮込み最中に少しづつ出てくるものは取らない方がカレーには合う。雑味がスパイスのような働きをするのだろう。もみじなどを使って旨味タップリのスープを作ると主張が強過ぎて合わないことが多い。

豚肉・・・小説家の安部譲二曰く『ブタの脂身食べれなくなったら死んだ方がマシだよね～』と言うように豚肉の旨味は他の肉では出せないものがある。豚肉を使うインド料理と言えばポークビンダルだがブタの旨味を酢の酸味で容赦無くぶった切るカレー、沢尻エリカのビンタのような味わいのある料理である。甘みが強い旨味は他の要素をボケさせるのでクローブ、ベイリーフ、カルダモン、ブラックペッパーなどキレのあるスパイスと合わせると良い。

玉ねぎ・・・旨味と甘みは似通ってるため玉ねぎを深く炒めるとカレーにおける旨味の部分を担うことができる。動物性のくどさがないので旨味の半分を玉ねぎで出すとバランスが良い。インドの玉ねぎは小さく大量の玉ねぎスライスは重労働、炒めるのも結構大変なのでインド料理で深く炒めることは少ない。日本とインドのカレーの大きな違いのポイントである。

トマト・・・旨ければなんでもいいという我々単細胞舌の人間には植物性の旨味は普段あまり意識しないが、トマトにはグルタミン酸、グアニル酸が多く含まれる。加熱して作ったトマトペーストはカレーに加えると確かにどっしりとしたコクが生まれる。眼鏡を外したら美少女だったみたいな現象だ。

鰹節・・・スリランカ料理と和食の共通性はよく言われることだが、その大きな根拠は鰹節とモルジブフィッシュの類似性からだ。香りという観点から言うと鰹節の方がいいし、手に入れやすさなどを考慮しても現地再現目的でなければ鰹節でいいと思う。だって鰹節とそっくりな物わざわざ電車に乗って大久保まで買いに行きたくないんだもん。

ニンニク・生姜・・・インド料理に多用されるニンニク・生姜のペーストは風味の目的よりもカレーのボトム・旨味のために用いられることが多い。またバターチキンをロティではなくライスで食べるとしたらニンニクを効かせるといい。

アサリ・ホタテ・昆布・・・純粋なインド料理に用いられることはないが、大阪発祥のクラフトカレーには和出汁という大きな流れが存在し強く出汁の存在を感じるカレーは多い。また個人的にはアサリ・ホタテなど魚介類はココナッツミルクなどと相性もいいのでオススメしたい。ここまで来ればなんでもアリなのだが、そもそも超適当な民族が生み出した料理なのでなんでもアリとの親和性は意外と高い。

ヒング・・・この部室みたいな粉の匂いが消え旨味に変わる不思議な現象を前にして、これスパイスとかじゃないなインド版味の素だと思った。未だ未知の物体として知られている使用方法しか使いこなせていないが、確実に新たな何かを生み出す可能性があると思う。宗教的にニンニクを食べることができない人が代わりに使って爆発的にインドに広まったと言われている。絶対食用以外で使って爆笑しながら広まっていったのだろう。

豆類・・・豆の柔らかな旨味は他の食材では生み出すことのできない味わいがあり、インド料理において必要不可欠な食材である。また他の旨味のある食材との親和性が高いので合わせて用いると美味しくなる反面、焦点の合わない寝ぼけた味になるのでスパイスなどで工夫したい。とはいえ寝ぼけた味というのはインド料理の特徴である。それを愛でるか愛でないかどちらも正解の味付けがある。

旨味をマスターした時、周りから尊敬されるために言うといい一言
- 来年50歳になりますけど旨くなりたいと思ってますし、旨くなるんじゃないかと可能性を探している。気持ちがあれば大丈夫。代表？　常に準備はしています。
- 旨味って色々なものが凝縮されて出来上がっていくものなんだけど、結局それを感じさせないシンプルなとこまで行って初めて旨いんじゃないかと思ってもうかれこれ一ヶ月水しか飲んでないよ。

酸味

インド料理において酸味と言えば、アチャールやサンバル・ラサム、ポークビンダルなどが思い浮かぶ。酸味が特徴な料理もいいが、辛味や旨味を引き立てたりとバランスを取る上で重要なので主役にならずとも上手に使うことが要求される。また切り傷や目に噴射するととても痛いが何故か笑いも込み上げてくるので、パワハラとの境界線となるのも見逃せない。

タマリンド・・・その不可思議な使用方法と反して日本人好みの酸味を持つインドならではの食材。ラサム・サンバルでの使用が主だが酸味付けに多少入れると派手さが無い分意外と違和感なくバランスを取れる。

レモン・ライム・・・酸味はもちろんだが香りも強い食材なので、香りの料理であるインド料理ではそこの部分も意識して多用される。

トマト・・・酸味というのは味覚の中では刺激的な部分が強いが、酸味を有しながら刺激よりも安定感のあるトマトはインド料理において重要、多用される食材である。そういえばインドにはトマトカレーというのがない（聞いたことがない）のはきっと当たり前すぎて主役にしようなどと思わないからだろう。玉ねぎですらドゥピアザがあるのに。

アムチュール・・・未熟な青マンゴーのパウダー。それほど多用するスパイスでないので一般的には知られていないがレモンのような強い酸味があり、特徴的な豊かな香りがあるのでうまく使うと面白い。俺はラサムに少量使ったりしている。どういうわけかやたらと固く小さいダマになりほぐすのが一苦労、チャットマサラの中で重要なスパイスである。

ヨーグルト・・・ヨーグルトはインドにおいて多用される食材である。酸味はもちろんのこと動物性なので旨味も付く。加熱して使うときはヘラなどで滑らかにしておかないと、加熱した途端ダマになるので注意。ヨーグルト単体で火入れするとダマどころか分離して不思議な食べ物になってしまうので注意。水溶き片栗粉やベーキングパウダーを少量入れると分離しないらしいが、そこまでしてヨーグルトを温めたいかと思うので試していない。

酢・・・インド料理はレモン汁を多用するので他の料理に比べ酢を使うことは少ないが、日本では何故か定番料理となりつつかるポークビンダルは酢が主役とも言えるカレー。とはいえ酢を入れると全てビンダルみたいになってしまうのでその使用に留めておいた方がインド的である。酢は種類豊富で香りも違うのでスパイスを扱うようにブレンドさせるのも面白い。

酸味をマスターした時、周りから尊敬されるために言うといい一言
・料理の酸味を使いこなすためには当然逆サイドのアルカリのことも知らなければいけないわけで、そういう研究中の偶然で生まれたのがアルカリマンガン電池なんだよ。
・酸って物を錆びさせるけど僕が気を送ると物体が愛に包まれてピカピカになるっていう現象、今日家にピノあるから見に来ない？

濃度

一般的にカレーと言われる料理はルーで作ったトロみのあるものだろう。俺は欧風カレーに関してそれほど明るくないので触れないが、インドにももちろんもったりとしたトロみがあるカレーは沢山あるというかそっちの方が多いくらいだ。さらっとしたソースは口の中の滞留時間が短い為、香りを楽しむのにはいい。しかし旨味や甘みなど複雑な味わいを持たせたいならば色々な物を使ってトロみのあるソースの方が合っているだろう。当然武器としてもトロみがあった方がダメージが大きい。

たまねぎ・・・深く炒めたものは旨味を多く持ったトロみとなり、生をミキサーにかけ入れたトロみは他の具材などの間を埋める乗り物のような役割を担う。『やべーなんか分量間違えてシャバシャバランクスしてる』って時はすり下ろした玉ねぎをぶっ込んで塩気を足し煮込むと親方にド突かれずにすむ場合もある。

カシューナッツ・・・北インド料理ではバターチキンなど多用される素材である。トロみ目的というよりも濃厚で柔らかい甘みが出てリッチな味わいになる。カシューナッツは高いし牛乳で煮てミキサーしたりと手間がかかるので無糖ピーナッツバターを代わりにぶっこむという荒技もある。当然違う物にはなるが濃厚さと甘みは同じように出るので現地再現が目的でなければ有りと言えば有りである。

豆類・・・インド料理のトロみ付けといえばトゥールダルを始めとする豆類を茹でミキサーをかけたものも多い。穏やかな香りと柔らかな甘み、嫌いな人からは寝ぼけた味わいと表現される風味がある。日本では豆は主に味付けする食材となるが、インドではテンパリングなど色々な使われ方をする。節分でドライチャナを使うのはクリティカルなので家族を貶める行為をされた時以外使用禁止と国連が定めている。

トマト・・・ペーストになるまで煮詰められたトマトは酸味・旨味と同時に濃厚さをカレーに与える。ホールトマトのジュースは弱火で煮込んでペーストにしておくと保存期間も伸び色々と使える。

```
    濃度をマスターした時、周りから尊敬されるために言うといい一言
    ・トラが回りに回るとバターになるでしょ。それを利用して鍋をぐるぐる回してもやっぱりカレーにとろみってつくのよ。あれインドの話だからね、多分。
    ・ある時気付いたんですよ。濃度ってのはいい音楽だってことを。え？　どうしてって？　いやそれ説明する順番そっちじゃん。ルールちゃんと理解してよ。
```

塩分

使う食材によって多少の上下はあるものの人間が口にするものは塩分濃度か0.8〜1%がちょうどいいとされている。それとは別の視点で塩分次第で素材の印象は大きく変わってくる。インド料理はいい素材を美味しく食べることができる技術であるが、同時に良くない食材も美味しく食べることができる技術である。寿司はどんなに優れた職人の技術を持ってしても半額セールの魚ではどうしようもないが、ほとんどの素材を火入れする、素材を塗りつぶすような味付けが可能なインド料理はそうではない。いい素材は塩分やソースのアタックを控えめにすれば素材が立つし、逆に悪い素材でもスパイスの変化が美しいグレービーで構築すれば素晴らしい一皿になる。インド料理は魚も肉もかなり火入れしてしまったりと決して素材そのものを上手に生かすよう進歩してきた料理ではないからこそであり、その部分がいい部分であったり悪い部分であったりする。

```
    塩分をマスターした時、周りから尊敬されるために言うといい一言
    ・塩って凄いのよ、我が家で腐らず君の話聞いてるの塩だけなんだから。
    ・ちょっと聞いてよ！　オレ屁で『しおっ』って言えるから。
```

インド料理でよくつかう食材

タマリンド
豆科の果実らしいが料理に使うのは四角く粘土みたいされて売られているもの。インド産タイ産があるがインド産は種が大きくてなんか損した気になる。味は梅干しのようと表現されるが梅干しで代用するとやっぱ微妙に違う。ザルに入れぬるま湯で揉みほぐして汁を使うのだが一年に一回くらい金ダワシとか変な物が混ざっててどうやって作ってるのか気になる。きっとおさるのジョージみたいな奴らが困った顔しながら拵えているのだろう。

マスタードオイル
ごま油みたいにマスタードの香りがする油。どうやって作ってるかは何となく知らないでおこうと思っている。煙が出るまで熱してから冷まし使うと聞き、何の意味があるんだろうとずっと思ってたがマスタードの香りを飛ばす為と知り、小太り人気者の彼女に『何ダイエットしてるんだよ！お前のチャームポイントはムチっなんだ、ムチっときゃいいんだよ！』と言った時を思い出した。

ココナッツオイル
多分ココナッツから抽出しているんだと思う、ココナッツの香りするし。一年のうち半分くらい固まっているから我が家ではTUBEと呼んでいる。ココナッツミルクを使うとオイルの存在感がかなり消去される物悲しさも健康に良さそうだ。

ココナッツミルク
昔から色々なメーカーがあってどれもそんなに変わらないと思ってたのだが、最近はビビるくらい安いのも出て来て中身を見て明らかに何かヤベーなって感じなんだけど使うと味は大丈夫。その倍以上の値段でオーガニックのモノもあるんだけど、俺はインド料理では珍しいオーガニックにまったく興味ない男だから意識高くかましたいならそっちをどーぞ！

豆
インドでは実に様々な豆を食べるが世界各国の豆料理が嫌いな俺はいつまで経っても名前が覚えられない。味は種類によってもちろん違うが、バナナとトマトほどの違いがあるわけでなく一番最初に目に入ったものを使っても俺の広過ぎる許容範囲の中では余裕でオッケーである。ちゃんとした料理を作りたきゃちゃんと覚えろ！俺くらいでいいなら適当にやれ。

ギー
不純物を取り除いた発酵バターだ・・・確かそんな感じ。食材にそれほどこだわりのない俺だがギーだけはAMULってとこの混ざってないヤツを使っている。バターを溶かして透明な部分を集めればギーだというのを聞いたが、大人になってもねるねるねるねを作るようなマネは御免だと思って試したことは無い。

パパド
ムングダルの粉の煎餅。揚げたり焼いたりして食べるのだが酒をほとんど飲まないインドにあって奇跡的にビールに合うことをインド人は知ってるのだろうか？一度濡れたパパドを洗濯バサミで部屋干ししたことがあるが、敷金一円も返ってこないかも思うくらい部屋が絶望的な香りに包まれた。

あると便利な調理器具

包丁
数多くのスパイスを使うインド料理は入ってる袋を開けるのにも一苦労。開けようと思ったら曲がって小さい穴しか開かなかった経験だれでもあるよね。そんな時包丁があれば切れにまっすぐ開封できる。他にもいきなり部屋に飛び込んで来たニワトリを捌いてチキンカレーにしたり、肩が凝ったときは包丁の背で叩いたりと使い方は沢山！野菜を切る？あーそれは切ってあるヤツ買えばいいだけじゃない。わざわざ包丁で切る必要ないと思うよ。

鍋
カレーって作るの時間かかるから、いかにその時間楽しく過ごすかって味付けより重要。大きな鍋があれば縁日で引っ捕らえた金魚を入れてもう一回釣ることができるし、ふと頭にこびりついて離れなくなった心配事も鍋に入れば気が紛れそう。上に乗れば手が届かないお菓子も取れるしね。え？カレーを煮込む。そういうのはあまり感心しないな。

まな板
カレーを上手に作るためにはどうすればいいですか？って質問には迷わずまな板って俺は答えてる。カレーのレシピって色んな物が入ってるからわかんなくなっちゃうだろ？まな板に書いてあれば手元だからすぐわかるし、いきなり空手家が入ってきて『おいっ瓦割らせろ！割らせなきゃ殺す』って言われたら取りあえずこれでって凌げるし、自分の名前を書いて玄関に置いておけば郵便屋さんも迷わない。こんな便利なアイテム一家に十枚はマストだね

車
香りいいカレーを作りたければホールを煎って挽くのが一番。そんな時活躍するのが車だ！煎ったスパイスを袋に詰めてその上を車で100往復くらいすれば香り高い挽きたてのスパイスができあがり。レシピは載せなかったけどナンやチャパティーを伸ばす時だって車で上を通れればあっという間に伸びている。難を言えば駐車場代が少し高いくらいかな？でもそれくらいの価値はあると思うよ。

ジュールリメ杯
インスタ映えさせるためには料理もさることながら乗せる皿も重要。四年に一度のワールドカップの勝者だけに与えられる黄金のジュールリメ杯ほどカレーを引き立たせるものは無いと思うよ。ちなみに今のジュールリメ杯は上がボールで皿ではないからブラジルが盗難にあったジュールリメ杯じゃないとカレーは注げない。

猿の手
熱々のカレーを作ったはいいけど皿に注ぐのはどうすればいいんだろう？考えても考えても答えは出ずせっかくのカレーも冷たくなって彼女もおかんむり。今まで考えたこともなかったんだろうけどカレーってのは猿の手で皿に移すって決まってるんだ。近所のブルキナファソ売り場に手頃な価格で売られている猿の手は、カレーを注ぐだけではなくサッカーの試合の前日に自陣のゴール裏に埋めとけば絶対ゴールは入らないし、むかつくやつのポケットに入れておけば相手はよく財布を無くす使えるアイテムだ！

> Curry Song
> カレー屋まーくん ブルースエクスプロージョン
> feat
> sun pee

肌身離さずいつも鍵っ子の俺は一人きりお夕飯も慣れた
いつぞかの地球平らに見えた巣鴨は朝の5時
マミー on the kitchen 油が鍋にすべる頃俺とパパ sleeping
眠気覚ましキツめの香水と玉ねぎ置き去りパパと mornig
まだ聞こえてた夕焼けチャイム 腹も減り過ぎグーの音鳴る
お家着いたとしても誰もおらんから桂正和チンチンニギッ
その場凌ぎの Curry とおでんは no no
秘伝のソースどうせジャワがバーモント
ふて寝するその頭上吹き出しの中でママが言う

♪

(そのなんじゃないよ冗談じゃないよいつでも君のこと考えてる)
手技って辛いよ 大きくなればいつかわかるでしょう
いつも二日寝かせた 僕んちの Curry
先輩に痛めつけられ 腹いせに後輩殴って
マジ虚しかです マジ虚しかです ランドセル重すぎて捨てて帰る
オニオントマト サッと炒めて香り出す その風味ほっぺ落ちる
ケチ付けようねんです でも今日も一人公園住む友人と chill
もう聞こえない夕焼けチャイム これじゃ孤独が好きになる
煮崩れた黄色のカレー ダッダーンイヤーブルブルブル人参無理
そんな昔話語りながら Curry 煮込んでる今じゃ素敵な手技きさ
あの時年下だったチョイ俺に似たパパも言う

♪

落ち着いたら喫茶店やってランチはカレーだけそんなのいいかも
美味いもんキッカケになって平和とかいうのも結局いいと思う

ごちそうさまでした！

まーくんのオヌヌメ食器のコーナー PART.1

正直言うとさ俺見栄えとかほんとどうでもいいんだ。
インスタ映えとかマジFUCKだぜ！
だけどFUCK言ってるだけだとただ文句言ってるだけで、そんなヤツの吐く
SHITに意味はねえだろ？
だから俺はスゲーいいヴィジュアルを提案するよ。

『食器棚の奥にずっとあるお母さんに使ってもらえない食器』

これは京都にあるガチCOOLなSHOP『VOU』で売ってたDAISAKのお子様ランチが盛られていたら速攻で帰りたくなるようなカレー皿に俺の名前と中華のナルト模様とUSAなハンバーガーを付けたい、VOUGE方面とは尾崎豊ばりに逆走Bダッシュした皿だっ！この皿にカレーを盛ればどんな鉄人が作っても、包丁と逆の手を『猫』にできないやってTRY女子と万物平等って寸法。平等っていうかクロノスチェンジしちゃうかも！料理下手なヤツ、意識低いヤツ、LOHASで神経病んで過労死した元オリーブ少女！おもしろモーゼは海を二つに割ったぜ！みんなっコジマで売れ残りのペット買ってノアの箱船で伊豆大島へ行こうぜっ！

ceramic art by DAISAK　thispage direction by VOU/棒

日本列島を狙うスパイス、その攻防の行方 part 3

カレー

2018/7/30 11:00配信 有料　　インタビュアー：カンセコ・マリオ

『彼らの企みに気づいてる人は非常に少ないですが我々大和民族のDNAは自然とこの変化を察知し対抗しています』カレー屋まーくんはソファーに深く腰掛けそう話し始めた。彼は鞄の中から一冊の本を取り出し私に手渡した。内容は関西のカレー店の情報誌だった。『一見カレーですが、ここに掲載されているカレーのほとんどはスパイスカレーと呼ばれるインドにある物とは大きく違い独自の進化を遂げている物ばかりです。カスリメティーを上から振りかけたり、出汁を強く効かせたりインド人の常識・味覚とは程遠く盛りつけの技術もインド人にはないものばかりです』『インドのカレーと違うことはよくわかりますが、これが企みにどのように対抗しているのでしょうか？』『似て非なるこの料理を作る為の作業は彼らには難しいのです。時間には一秒も遅刻できないような規則の中、キビキビと動き挙げ句の果てには細かい盛りつけまで強要されたら一日で国に帰ります。インド人は意外と繊細です。こんな所ではもう二度と働けないと言うでしょう』まーくんは首を振り『絶対に無理です』そう繰り返した。『とは言え大阪の隣、神戸には多くのインド人が居住しています。彼らは大阪にスパイスや繊維を売る商売をしており日本制圧のチャンスをうかがっています。我々はその計画を頓挫させるため独自の進化を続けなければなりません』カレー屋まーくんはそう言うと、木村カエラになりたい娘たちにナンを投げつけに出て行った。日本の戦いは始まったばかりだ。そしてどのような結果を我々は迎えることになるのだろうか？

続きをお読みいただくには、記事の購入が必要です。

税込 **108万円**　 **M-POINT** 使えます

記事を単品で購入する

この記事は会員限定です。クラウドファンディングのパトロンになると
続きを読めると思ったらオレオレ詐欺に遭いやすいということがわかります。

最新更新：7/30(月)11:00

www.lowercase.biz

DEAR FAMILY

この本を出版するにあたって執筆活動において最も活躍した僕のmacとかをたぶん開発したスティーブジョブ酢氏パソコンの稼働はもちろんのこと、部屋の明かり、炊飯器の温かさなどまさに獅子奮迅の活躍を見せた電気の父・エジソンさん仕事はもちろんのこと、食事、塗り絵、電球が切れた時には踏み台となってくれたテーブルを発明したなんとか原人の誰か夏の日にはどこからともなく沸いてくるコバエを捕獲しようと休むこと無く部屋を巡回している孤高のハエトリグモチャッピーくん喉が渇いたときには蛇口をひねるだけで水を供給、そんな奇跡を日々支えてくれてつつ支払いを忘れたときはしつこく催促書を送付しながらも長いこと忠犬ハチ公のように温かく待ってくれている水道局のみんな大量の玉ねぎをベルリンの赤い雨で切らずに済ませてくれる合羽橋の職人達（店閉めるの信じられないくらい早いよね！どこ飲み行ってるの？）他にも沢山の人に助けてもらった気もするけど覚えてないからどうでもよくて、思い返すとなんか凄い大変なことをやった気がしたからみんなありがとうって僕に言ってくれ！ありがとうって。思ってるから金出したんだろ？そう思うよ。

本書は僕の長年の夢である本の出版を、頑張っていれば誰か書いてくれって言ってくるかと思って待ってたんだけど待てど暮らせどなので人の金をちょろまかして作りました。

最後にこんな本が世に出るなんて世も末だね。ありがとーまたねー

big shout out to!!!!!

ゆーぼむ様
この度はご支援ありがとうございました。支援の御礼といたしましてアタック25ファイナルステージのパネルを十枚力づくで剥がせる権の抽選権利を進呈いたします。なお、当選結果は商品の発送をもって代えさせて頂きたいと思います。

コロスケ様
この度はご支援ありがとうございました。支援の御礼といたしましてカントリーマーム一年分の抽選権利を進呈いたします。なお、当選結果は商品の発送をもって代えさせて頂きたいと思います。

河野未彩様
この度はご支援ありがとうございました。支援の御礼といたしまして徒歩で行く世界一周スピリチュアル旅行の抽選権利を進呈いたします。なお、当選結果は商品の発送か名刺の受注やり直しをもって代えさせて頂きたいと思います。

川島一家様
この度はご支援ありがとうございました。支援の御礼と致しまして合コンに彼氏いるヤツ連れて来てもツベルクリン検査陰性になるおふだ抽選権利を進呈いたします。なお当選結果は商品の発送をもって代えさせて頂きたいと思います。

越後龍一様
この度はご支援ありがとうございました。支援の御礼と致しまして三泊二日猫アレルギー克服キャンプatカッパドキアとマタタビ一年分の抽選権利を進呈いたします。なお、当選結果は商品の発送をもって代えさせて頂きたいと思います。

高木jet晋一郎様
この度はご支援ありがとうございました。支援の御礼と致しましてラッパーに激怒されたとき3分間馬鹿のフリをやり過ごす権、抽選権利を進呈いたします。なお当選結果は商品の発送をもって代えさせて頂きたいと思います。

りんご音楽祭様
この度はご支援ありがとうございました。支援の御礼と致しまして向こう10年間りんご音楽祭出演は断念いたします。御礼のキャンセル料金は金7万円頂きます。

志村龍之介様
この度はご支援ありがとうございました。支援の御礼と致しまして日体大伝統エッサッサ研修3日間（エサパン付き）の権利を進呈致します。思考能力8bitの世界を是非ご体験ください。

DJおみくじとん吉aka1031jp様
この度はご支援ありがとうございました。支援の御礼といたしまして知らない犬がよく懐くシールの抽選権利を進呈いたします。なお、当選結果は商品の発送をもって代えさせて頂きたいと思います。

本間美任様
この度はご支援ありがとうございました。支援の御礼といたしましてカレーを手で食べる前に『やっぱやめとけば』と進言してくれるCDの抽選権利を進呈いたします。なお、当選結果は商品の発送をもって代えさせて頂きたいと思います。

鈴木大明神様
この度はご支援ありがとうございました。支援の御礼といたしましてサムソンティーチャーが教える恋のABC受講券の抽選権利を進呈いたします。なお、当選結果は商品の発送をもって代えさせて頂きたいと思います。

はなきん様
この度はご支援ありがとうございました。支援の御礼といたしましてお中元にカルピスがたくさん届くお祷り券の抽選権利を進呈いたします。なお、当選結果は商品の発送をもって代えさせて頂きたいと思います。

川上ヒロ様
この度はご支援ありがとうございました。支援の御礼といたしまして熱いナンを千切る忍耐力アップチケットの抽選権利を進呈いたします。なお、当選結果は商品の発送をもって代えさせて頂きたいと思います。

お米粒様
この度はご支援ありがとうございました。支援の御礼といたしまして西日本の人には東京から半径30分以内なら東京と言っていい権利の抽選権を進呈いたします。なお、当選結果は商品の発送をもって代えさせて頂きたいと思います。

y5u1k3様
この度はご支援ありがとうございました。支援の御礼といたしましてタンスに小指をぶつけてあいたた音頭の独占歌唱権の抽選権を進呈いたします。なお、当選結果は商品の発送をもって代えさせて頂きたいと思います。

わいとみa.k.a.ネバヤン様
この度はご支援ありがとうございました。支援の御礼といたしまして給食でフルーツポンチが出る確率アップ券の抽選券を進呈いたします。なお、当選結果は商品の発送をもって代えさせて頂きたいと思います。

南條洸也（なんじょうひろや）様
この度はご支援ありがとうございました。支援の御礼といたしましてお母さんが急に部屋に入って来ない置物の抽選券を進呈いたします。なお、当選結果は商品の発送をもって代えさせて頂きたいと思います。

河野さおり様
この度はご支援ありがとうございました。支援の御礼といたしまして『絶対効く！会社を休む理由でっちあげテク100』の抽選券を進呈いたします。なお、当選結果は商品の発送をもって代えさせて頂きたいと思います。

LOWERCASE様
この度はご支援ありがとうございました。支援の御礼といたしまして変な匂いのするタクシーを捕まえないバッジの抽選券を進呈いたします。なお、当選結果は商品の発送をもって代えさせて頂きたいと思います。

有限会社うなぎ高瀬様
この度はご支援ありがとうございました。支援の御礼といたしまして鼻毛が出てたとしても見える角度に人が入って来ない音の出るキーホルダーの抽選券を進呈いたします。なお、当選結果は商品の発送をもって代えさせて頂きたいと思います。

ハマジ　ミチ様
この度はご支援ありがとうございました。支援の御礼といたしまして自転車のカゴにゴミを入れるとロケット花火が上がるマシーン抽選券を進呈いたします。なお、当選結果は商品の発送をもって代えさせて頂きたいと思います。

とくしげたかし様
この度はご支援ありがとうございました。支援の御礼といたしましてヨネスケが晩ご飯を食べに来ない盛り塩の抽選券を進呈いたします。なお、当選結果は商品の発送をもって代えさせて頂きたいと思います。

bigkatsu0728様
この度はご支援ありがとうございました。支援の御礼といたしまして職場の学生バイトにヒップホップを聞いてるせいでチェケラッチョというあだ名を付けられないバングル抽選券を進呈いたします。なお、当選結果は商品の発送をもって代えさせて頂きたいと思います。

suzuna11様
この度はご支援ありがとうございました。支援の御礼といたしまして意味の判らない映画を見ることを強要する人が穴に落ちる瞬間鑑賞会の抽選券を進呈いたします。なお、当選結果は商品の発送をもって代えさせて頂きたいと思います。

big shout out to!!!!!

愛美様
この度はご支援ありがとうございました。支援の御礼といたしまして一年間りんご音楽祭主催者をムカついたらグーで殴っていい権利を進呈いたします。なお本権利については確実に行使するようお願い致します。

emiai様
この度はご支援ありがとうございました。支援の御礼といたしましてあっ！昨日やっちまったっぽいテヘペロ顔整体優待券の抽選権利を進呈いたします。なお、当選結果は商品の発送をもって代えさせて頂きたいと思います。

takao kujime様
この度はご支援ありがとうございました。支援の御礼といたしましていいもんばっか喰いやがってムカつく念力除けポンチョの抽選権利を進呈いたします。なお、当選結果は商品の発送をもって代えさせて頂きたいと思います。

AI NISHIYAMA(TemplA/ANAGRA)様
この度はご支援ありがとうございました。支援の御礼と致しまして支援の御礼といたしましてセコい奴の首が変な風に折れて体ごと地面にめりこんでいく魔法のスティックの抽選権利を進呈いたします。なお、当選結果は商品の発送をもって代えさせて頂きたいと思います。

りんりんハウス安楽亭様
この度はご支援ありがとうございました。支援の御礼といたしまして肛門にケーブルを刺すともの凄いブリープ音が出る双子の養育権の抽選権利を進呈いたします。なお、当選結果は商品の発送をもって代えさせて頂きたいと思います。

久保村聡様
この度はご支援ありがとうございました。支援の御礼といたしましてハンパ無く綺麗な女教師が異動して来て三日で辞めちゃった体験学習の抽選権利を進呈いたします。なお、当選結果は商品の発送をもって代えさせて頂きたいと思います。

チカコミヤウチ様
この度はご支援ありがとうございました。支援の御礼といたしましてなんかよくわからんとこ連れて来られても昼飯くったら速攻で帰っていい権利を進呈いたします。なお、当選結果は商品の発送をもって代えさせて頂きたいと思います。

JAZZYSPORT MORIOKA様
この度はご支援ありがとうございました。支援の御礼といたしまして、見た目人間だけどケツから糸出てるしホールド掴まないで2秒で壁登る蜘蛛女を呼ぶ権の抽選権利を進呈いたします。なお、当選結果は商品の発送をもって代えさせて頂きたいと思います。

山岸謙介様
この度はご支援ありがとうございました。支援の御礼といたしまして生乾きのTシャツを着ていてもみんな気づかない磁器ブレスレットの抽選権利を進呈いたします。なお、当選結果は商品の発送をもって代えさせて頂きたいと思います。

渡利祥太 (ケアン) 様
この度はご支援ありがとうございました。支援の御礼といたしましてこむらがえりの新名称の命名権の抽選権利を進呈いたします。なお、当選結果は商品の発送をもって代えさせて頂きたいと思います。

中村文信 (SEWI) 様
この度はご支援ありがとうございました。支援の御礼といたしましてサムソンティーチャーが教える恋のABC受講券の抽選権利を進呈いたします。なお、当選結果は商品の発送をもって代えさせて頂きたいと思います。

おっとせいタレ美様
この度はご支援ありがとうございました。支援の御礼といたしまして客は濃いめの酒を喜ぶと思ってるバーテンの拒否権の抽選権利を進呈いたします。なお、当選結果は商品の発送をもって代えさせて頂きたいと思います。

MKT (ELECTRIC JUNGLE) 様
この度はご支援ありがとうございました。支援の御礼といたしまして髷を結えなくなった力士のちょっと待ったコール拒否権の抽選権利を進呈いたします。なお、当選結果は商品の発送をもって代えさせて頂きたいと思います。

著者近影

カレー屋まーくん
1975年生まれ。料理研究家、クリエイティブディレクター
20代前半、長きに渡り海外旅浪の末、就ける仕事がなくなり飲食業に従事。
都内有名レストランをバックレたり、喧嘩して首になったりしながら石で飯漬をほとんど殺まず、現在三軒茶屋を中心に声を張ってビッグイシューを販売中。日本を元気にしたいがテーマの嘘八百なインド料理理論は世界各国のプランクトン、シーモンキーから注目を浴び続けている。

TANG DENG 株式会社

- 📷 Photographer ─ Tsukiji takanori , abe kenjiro
- 📠 Editer ─ oota yosuke
- ✏️ Designer ─ ina takayuki , makiko yamamoto
- 💩 ill(matic)strator ─ Tooyama mizuki (AVA)
- 💴 money maker for this book ?

THE
奇書カレー屋まーくんの
ちょっといいとこ見てみたい
あなたの知らないスパイスの世界
～泣き虫先生の 三分間戦争～

GREAT ASSISTANT
SAYA YOSHIZAKI
RYUICHI ECHIGO

PUNPEE (SUMMIT) & SAYAKA AKIMOTO
congrats
CAMP FIRE
But & Paid
so much much
commision
ummmm...

2019年 5月20日　初版　第1刷発行
2020年 8月5日　第2版　第3刷発行

発行人　平田崇人
〒151-0064 渋谷区上原1-32-18 小林ビル3F
TEL 03-4405-9346
FAX 03-4330-1224
http://www.tangdeng.tokyo/company
印刷・製本 ─ シナノ印刷

定価
1600円
＋
税

and
BOSE
(schadara parr)
YOU THE ROCK★

落丁本、乱丁本は購入書店を明記の上、小社宛にお送り下さい。送料負担にてお取替いたします。本書の無断転用、複製 (コピー、スキャン、ダブプレート化) ならびに無断複製物の譲渡および配信は著作権法上、ハムラビ法典上例外を除き禁じられ、笑われます。本書を代行業者、第三者に依頼して複製する行為はたとえ個人や家庭内の利用であっても認められておりません。ISBN978-4-908749-11-7 C2077　￥1600 E